노동법 좀 아는 리더

리더를 위한
에피소드 노동법

김 복 수 저

스트레스 없이 쉽게 읽히는 노동법 입문서
에피소드(episode)를 통해 쉽게 읽어 나갈 수 있습니다

근태관리, 휴가관리, 인사평가, 징계, 직장내괴롭힘까지
X세대 팀장과 MZ세대 팀원들을 매끄럽게 연결해 줄 실용 노동법

중앙경제

리더를 위한 에피소드 노동법

노동법 좀 아는 리더

◦초 판 인 쇄 2022년 2월 11일
◦초 판 발 행 2022년 2월 18일

◦지 은 이 김 복 수
◦펴 낸 이 김 남 진
◦펴 낸 곳 (주) 중앙경제
◦내지디자인 이 지 훈
◦표지디자인 심 소 원

◦주 소 서울시 중구 다산로11길 19(신당동 355-8) 백석빌딩 신관 4층
◦전 화 02)2231-7293
◦팩 스 02)2235-5344
◦홈 페 이 지 www.elabor.co.kr
◦출 판 등 록 80.6.21 제 2-66호

◦I S B N 978-89-7017-482-2 (93330)
◦정 가 18,000원

리더를 위한 에피소드 노동법

노동법 좀 아는 리더

김 복 수

중앙경제

Micha 6 : 8

He has shown you, O mortal, what is good.

And what does the LORD require of you?

To act justly and to love mercy and to walk humbly with your God.

머리말

'노동법 좀 아는 리더'를 시작하며

요즘 리더를 만나게 되면 한결같이 듣는 소리가 있습니다. "리더하기 너무 힘들어요"입니다. 사실 리더는 요즘에만 힘들었던 건 아닙니다. 예전에도 힘들었습니다. 그런데 요즘 더 힘든 건 분명한 것 같습니다. 왜 리더가 더 힘들어 졌을까요?

여러 가지 이유가 있겠지만 그 중 하나가 바로 노동법입니다. 노동법은 어렵습니다. 그리고 자주 바뀌기도 합니다. 예전에는 노동법은 인사팀이 알아야 할 지식이었습니다. 그런데 이제는 리더도 노동법을 알아야 합니다. 리더의 주요업무인 근태관리, 연차휴가, 임금, 직장 내 괴롭힘 등은 모두 노동법과 연관되어 있습니다. 팀원들은 "네 팀장님"이라고 대답하기보다 "왜요 팀장님?"이라고 묻습니다. 이제 노동법을 모르고서는 리더를 할 수 없는 시대가 된 것입니다.

리더의 업무 중 대부분은 사람과 관련된 내용입니다. 사람과 관련된 사항의 중심에는 노동법이 있습니다. 노동법은 리더의 필수역량이 되었습니다. 그런데 아쉽게도 리더에게 노동법을 체계적으로 교육하는 기업은 많지 않은 것 같습니다.

'노동법 좀 아는 리더'는 리더를 위한 노동법 책입니다. 시중에 노동법 책은 많습니다. 그러나 대부분 노무담당자를 대상으로 쓰여졌기 때문에 읽기가 쉽지 않습니다. 두께도 너무 두껍고 무게도 무지 무겁습니다. 그래서 리더를 위한 '맞춤형 노동법 책'이 필요하다는 생각을 하게 되었습니다.

'노동법 좀 아는 리더'는 신입팀장 김 팀장의 리더 경험을 에피소드 방식으로 서술한 책입니다. 다양한 에피소드를 통해 노동법을 쉽게 접근할 수 있도록 했으며 가급적 간결한 서술을 통해서 가독성은 높였습니다. 그리고 방대한 노동법을 전반적으로 다루기보다는 리더가 알아야 할 사항만을 소개하였습니다. '노동법 좀 아는 리더'를 통해서 리더가 노동법과 친해지고 이를 통해 리더 역할 수행에 조금이나마 도움이 되기를 간절히 바라는 마음입니다.

이 책이 나오기까지 많은 분들의 도움이 있었습니다. 먼저 ㈜중앙경제 김희성 회장님, 김남진 대표님, 김태윤 상무님, 이지훈 과장님께 감사드립니다. 그리고 벌써 13년간 예담과 함께 한 정호영 노무사님, 예담의 아이디어 뱅크 장내석 노무사님. 예담을 묵묵히 잘 지켜주신 이은정 과장님과 이민주 대리님에게 감사의 마음을 전합니다. 그리고 초고원고를 꼼꼼히 검토해 주신 안작가님에게도 감사드립니다. 마지막으로 항상 든든한 지원자인 아내 보연과 사랑스런 딸 민서에게 감사함을 전합니다.

아무쪼록 이 땅의 기업들이 보다 건강해지기기를 간절히 소망합니다.

God bless you!

2022년 1월

노무법인 예담HR컨설팅

저자 **김 복 수**

차 례

I. 근태관리 Episode

II. 연차휴가 Episode

Ⅲ. 임신·출산 등 Episode

Ⅳ. 연 봉 Episode

V. 인사평가 Episode

VI. 인사발령 · 징계 Episode

VII. 직장 내 괴롭힘 · 성희롱 Episode

VIII. 채 용 Episode

IX. 퇴 직 Episode

리더를 위한 에피소드 노동법

노동법 좀 아는 리더!!!

I
근태관리 *Episode*

#1. 주52시간제 위반 여부는 어떻게 판단할까요?

#2. 재택근무를 하면 마음대로 쉬어도 되나요?

#3. 지각 3회를 결근 1회로 처리해도 될까요?

#4. 아침에 일찍 출근하는 직원이
나중에 연장근로라고 주장하면 어떻게 되나요?

#5. 주말에 바빠서 일한 직원을 평일에 쉬게 해도
괜찮을까요?

#6. 한 달에 한 번 점심식사를 하면서
주간회의를 하면 문제가 될까요?

Episode

#1

주52시간제 위반 여부는 어떻게 판단할까요?

김철수 과장은 일주일 전 마케팅팀장으로 발령받았다. '역시 회사는 능력 있는 사람을 알아본다' 등 여기저기서 축하인사가 쏟아졌다. 그러나 팀장이 된 기쁨도 잠시, 막상 팀장이 되니 '과연 내가 잘할 수 있을까' 걱정이 앞선다.

아니나 다를까, 오늘 오전에는 황당한 일이 발생했다. 이번 토요일 바겐세일 준비로 전체 팀원들이 근무를 해야 하는 상황이 되었는데, 판촉 담당 박진환 씨가 문제를 제기한 것이다.

"팀장님, 저는 이번 주 평일에 벌써 12시간 야근을 했습니다. 토요일까지 근무를 하면 주52시간제 위반 아닌가요?"

"뭐라고요?… 박 담당, 그래도 다음 주부터 바겐세일인데 할 일은 해야 하지 않을까요?… 토요일 추가수당을 안주겠다는 것도 아닌데… 그 이야기는 나중에 다시 하기로 하죠." 김 팀장은 갑작스런 상황에 할 말을 잃고 말았다. '지난주는 전부 정시에 퇴근했으니 이번 주는 일을 좀 많이 해도 괜찮겠지'라고 생각했는데, 이러한 생각이 잘못된 건지 갑자기 헷갈린다.

'과연 주52시간제 위반은 어떤 기준으로 판단하는 것일까?'

주52시간제는 리더의 근태관리 중 가장 기본적인 내용이다. 현재 주52시간제는 대부분의 직장인들이 알고 있는 주제이기도 하다. 그런데 주52시간제 위반 여부를 판단하는 것은 생각보다 쉽지 않다.

먼저 주52시간제의 개념을 명확히 이해해야 한다. 주52시간제란, '1주간 최대 일할 수 있는 시간이 52시간'이라는 의미다. 따라서 주52시간제는 "주52시간 상한제" 또는 "1주 최대 52시간제"로 표현하는 것이 정확하다고 볼 수 있다. 주52시간제의 핵심은 최대 근로시간이 주68시간(법정40시간+연장12시간+휴일16시간)에서 주52시간(법정40시간+연장·휴일12시간)으로 변경되었다는 점이다. 이제 1주에 52시간을 넘게 일하면 근로기준법 위반에 해당하게 된다.

주52시간제

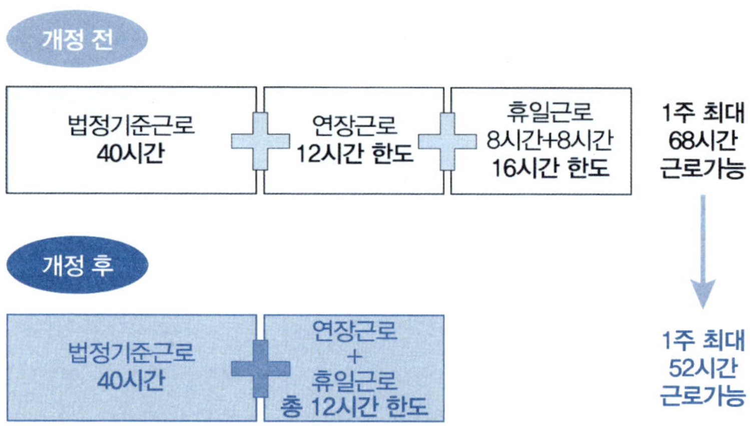

※ 근로기준법 제2조 제7호(신설) : "1주"란 휴일을 포함한 7일을 말한다.
근로기준법 제53조 제1항 : 당사자 간에 합의하면 1주간에 12시간을 한도로 제50조의 근로시간을 연장할 수 있다.

그런데 실제 업무현장에서는 법보다 일이 급하기 때문에 업무량이 많은 경우 추가근무를 시킬 수밖에 없다. 바로 여기에서 문제가 발생한다. 리더들은 "바쁠 땐 어떻게 하나? 예외가 있을 수도 있지 않은가?"라고 질문하며 "일을 열심히 하는 것이 왜 문제가 되는가?"라고 항의를 하기도 한다. 그러나 다시 한번 강조하지만, 주52시간을 초과해 근로를 하게 되면 근로기준법 위반에 해당한다는 점을 기억해야 한다. 따라서 이제 리더들은 1주에 52시간 이내로 일할 수 있는 방법을 찾아야 한다.

물론 그 방법을 리더 혼자서 찾을 수는 없다. 회사 차원에서 유연근로시간제(탄력적근로제, 선택적근로제 등)의 도입이 필요하다. 그러나 1차적 근태관리는 현업의 리더가 하기 때문에, 무엇보다 리더가 주52시간제를 잘 이해하고 대응하는 것이 중요하다.

이제 에피소드로 돌아가 보자. 판촉 담당 박진환 씨가 이미 평일 12시간의 연장근로를 했다면, 추가적인 토요일 연장근로는 주52시간제 위반에 해당하게 된다. 따라서 김 팀장은 이제 사전에 1주간의 연장근로에 대한 계획을 수립해야 한다. 나아가 직원들의 1주간 연장근로시간 초과여부를 수시로 점검하는 것이 필요하다. 리더로서 근태관리를 하는 것은 참 쉽지 않은 일이다.

더 알아보기

근로기준법

제2조(정의)

7. “1주”란 휴일을 포함한 7일을 말한다.

제50조(근로시간)

① 1주간의 근로시간은 휴게시간을 제외하고 40시간을 초과할 수 없다.

제53조(연장근로의 제한)

① 당사자 간에 합의하면 1주간에 12시간을 한도로 제50조의 근로시간을 연장할 수 있다.

주52시간제 시행일자

1. 근로자 300인 이상 및 국가, 지자체, 공공기관 : 2018년 7월 1일
2. 근로자 50인 이상~300인 미만 : 2020년 1월 1일
3. 근로자 5인 이상~50인 미만 : 2021년 7월 1일

Episode
#2

재택근무를 하면 마음대로 쉬어도 되나요?

2021년은 한 단어로 기억될 것 같다. 바로 코로나19이다. 코로나19의 영향으로 회사에도 많은 변화가 일어났다. 그중 대표적인 것이 재택근무다. 김 팀장의 회사 예담 아웃도어도 직원들이 1주에 2일은 집에서, 3일은 회사에 출근해 근무하고 있다.

재택근무 시행 후 김 팀장은 한 가지 고민이 생겼다. 재택근무일에 팀원에게 연락하면 소통이 잘 안 된다는 것이다. 업무상 일이 있어 직원들에게 연락하면 바로 응답하지 않고 1~2시간 후에 연락이 오곤 한다. 곧바로 연락을 받지 못한 것에 대한 대답도 다양하다. “잠깐 마트에 다녀오느라 전화를 못 받았습니다.”

혹은 “아기가 자고 있어서요, 연락을 못 드렸습니다, 팀장님.” 등…

김 팀장은 언짢지만 그냥 넘어가곤 했다.

그런데 한편으로는 궁금하다. ‘재택근무를 하게 되면 근무시간에 집에서 개인적인 일을 병행하며 업무를 해도 괜찮은 걸까?’

많은 리더들이 재택근무에 대해서 혼란스러워 한다. 재택근무의 경우 집에서 자유롭게 쉬면서 일해도 괜찮은지 아니면 엄격하게 업무만 해야 하는지 헷갈리는 것이다. 흔히들 재택근무 시 집에서 영화를 보고, 마트에 가서 장을 보고, 음식을 하고, 아이를 돌보는 등 자유롭게 개인적인 용무를 볼 수 있는 것으로 생각한다.

그러나 이러한 사적활동들은 재택근무에 대한 오해에서 비롯된다. 재택근무란 근로시간이 변경되는 것이 아니라 근무장소가 변경되는 것이다. 즉, 회사에서 일하는 것을 집에서 일하는 것으로 장소만 바꾸는 것이다. 따라서 재택근무 시에도 근로계약서상의 근무시간이 유지되는 것이 원칙이다.

그러나 현실적으로 볼 때, 재택근무 시 근로와 사적활동의 명확한 구분이 어려울 수 있다. 따라서 근로계약서상의 근로시간을 준수하는 것이 맞지만 재택근무의 특성을 반영해 근로시간을 덜 엄격하게 적용할 수는 있다. 즉, '사무실에서 일하는 수준으로 근로시간을 준수하는 것은 어려울 수 있다. 그러나 마음대로 쉬면서 일하는 것이 허용되는 것은 아니다.'라고 해석하는 것이 재택근무에 대한 정확한 이해라고 볼 수 있다.

또한 재택근무 시 노동법상 리스크를 점검할 필요가 있다. 재택근무 시 가장 큰 노동법상 리스크는 바로 연장근로수당 청구문제이다. 재택근무 특성상 이른 아침시간 또는 늦은 저녁시간에 업무를 하는 경우가 발생하기 때문에 연장근로 해당 여부에 대한 분쟁이 발생할 수 있다. 그러나 재택근무의 경우 근로기준법상 사업장 밖 간주근로시간제(근로기준법 제58조)를 적용하는 것이 가능하기 때문에 연장근로로 인정될 가능성은 낮다고 볼 수 있다. 사업장 밖 간주근로시간제란 '사업장 밖에서 근무할 경우 근무시간 산정이 어려우니 소정근로시간을 일한 것으로 서로 간주하자.'라는 취지의 제도이다.

그러나 연장근로에 대한 분쟁을 보다 철저히 예방하기 위해서는 회사 차원에서 연장근로 사전승인제도를 도입하는 것이 바람직하다. 연장근로 사전승인제도란 연장근로 필요시 회사의 리더에게 사전에 승인받도록 하는 근태관리 제도를 말한다. 연장근로 사전승인제도하에서는 승인된 경우에만 연장근로로 인정하기 때문에 재택근무의 연장근로리스크를 보다 안전하게 해소할 수 있을 것이다.

이제 에피소드로 돌아가 보자. 김 팀장은 팀원들이 재택근무 시 집에서 정상적인 근무를 하도록 요청할 수 있다. 다만 재택근무의 특수성을 고려할 때, 업무와 사적활동의 병행을 어느 정도 허용하는 것은 불가피하다고 볼 수 있다. 또한 연장근로 리스크를 관리하기 위해서 회사 차원에서 연장근로 사전승인제도 운영을 검토할 필요가 있다.

재택근무 시행의 어려움은 무엇인가? (인사담당자 답변)

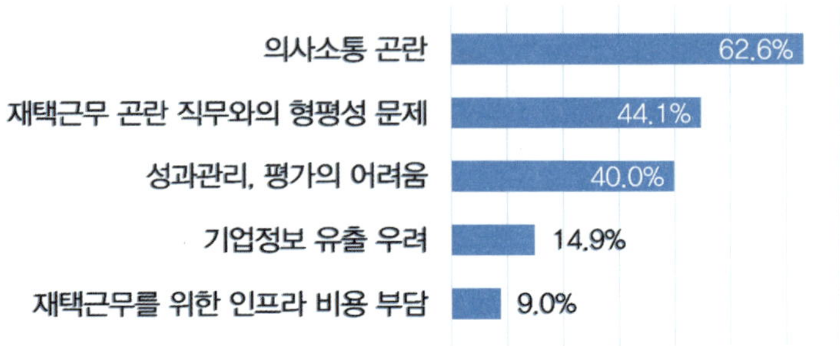

※ 출처 : 「재택근무 활용실태 설문조사」, 인사담당자 400명, 근로자 878명 대상으로 실시. 고용노동부 · 잡플래닛, 2020.8

더 알아보기

재택근무 종합 매뉴얼(고용노동부 2020.9)

재택근무란 "근로자가 자택 등 소속 사업장이 아닌 장소 중 사용자와 합의하거나 그 승인을 받은 장소에서 소정근로의 전부 또는 일부를 제공하는 근무형태 말한다"라고 정의함.

한편, 업무 배제 등 같은 징벌적 목적의 재택근무는 여기서 말하는 재택근무에 해당하지 않으며, 근로기준법 제23조에 따른 정당성 판단이 필요함.

근로기준법

제58조(근로시간 계산의 특례)

① 근로자가 출장이나 그 밖의 사유로 근로시간의 전부 또는 일부를 사업장 밖에서 근로하여 근로시간을 산정하는 것이 어려운 경우에는 소정근로시간을 근로한 것으로 본다.

Episode

#3

지각 3회를 결근 1회로 처리해도 될까요?

김 팀장은 직원들의 근태 때문에 머리가 지끈지끈 아프다. 마케팅팀의 특성상 20~30대 직원들이 많은데, 젊은 층이 많다보니 아무래도 근태가 좋지 않다. 특히 박 대리는 일주일에 한두 번은 꼭 지각을 한다. 김 팀장은 더 이상은 안 되겠다고 생각하고 오늘 아침 팀원들을 회의실로 불러 모았다.

김 팀장은 팀원들에게 "여러분도 잘 아시다시피 우리 팀이 근태가 좋지 않습니다. 이제부터 지각 3회 시 결근 1회로 처리하려 합니다. 괜찮겠지요?"라고 제안했다. 팀원들은 내키지 않았지만 본인들도 근태관리에 문제가 있다는 점을 인정해서인지 "좋습니다, 팀장님."이라고 작은 목소리로 대답했다.

이에 따라 김 팀장은 다음달부터 '지각 3회=결근 1회' 기준을 적용하려고 팀내 공유 문서를 만들었다. 그런데 막상 메일을 발송하려고 하려 하니 조금 불안하다. 직원들의 동의를 받긴 했지만 혹시 노동법적으로 문제가 있을지도 모른다는 생각이 들었기 때문이다.

'과연 지각 3회를 결근 1회로 간주해도 문제가 없을까?'

현업 리더의 가장 큰 애로사항 중 하나가 바로 근태관리이다. 특히 젊은 직원이 많은 팀의 경우 근태관리가 더욱 어려운 것이 현실이다. 이러한 근태관리의 어려움을 해결하기 위해 리더들은 다양한 방안을 고민한다. 예를 들어, 지각하면 벌금을 내게 하거나 팀의 공통업무 중 기피업무(회의실 정리 등)를 시키기도 한다. 나아가 근태 문제가 많이 심각한 경우 시말서를 쓰게 하는 등 징계를 하는 경우도 있다.

그런데 근태문제는 쉽게 해결되지 않는 것 같다. 이 때문에 리더들은 김 팀장처럼 직원들의 지각을 줄이기 위해 지각 3회를 결근 1회로 처리하는 등의 방안을 고안해낸다. 그러면서 직원들의 동의를 받았기 때문에 이 제도에 별다른 문제가 없을 것이라고 생각한다.

이것은 큰 오해이다. 물론 '지각이 3회이면 결근 1회 정도에 해당한다.'라고 상식선에서 생각하는 것은 가능하다. 그러나 항상 최종적으로 노동법을 체크해봐야 한다. 고용노동부는 "지각시간이 8시간이 되더라도 지각을 결근으로 처리하는 것은 위법하다."라고 해석하고 있다(근로기준과-5560, 2009.12.23). 즉, 지각과 결근이 명확히 다르다고 보는 것이다. 하지만 지각시간에 대해 임금을 공제하는 것은 가능하다. 예를 들어, 지각 3번의 지각시간의 합계가 8시간인 경우 8시간의 임금을 공제할 수 있다.

이처럼 근로자의 결근에 대해 엄격하게 판단하는 이유는 무엇일까? 근로기준법상 결근의 경우 근로자에게 상당한 불이익을 주기 때문이다. 대표적으로 결근은 주휴수당에 영향을 준다. 즉, 결근이 있으면 개근이 아니기 때문에 해당 주의 주휴수당이 발생하지 않는다. 왜냐하면 주휴수당은 개근한 자에게만 지급하기 때문이다. 그러나 지각의 경우는 개근으로 보기 때문에 주휴수당이 발생하게 된다.

여기서 한 가지 궁금증이 생길 것이다. '지각을 했는데 왜 개근으로 처리되는가?'이다. 이러한 궁금증은 학창시절의 기억 때문에 발생한다. 학창시절 우리는 지각, 조퇴, 결석이 없는 경우에만 개근상을 받았다. 만약 지각이 하나라도 있으면 개근상이 아니라 정근상을 받았다. 그러나 노동법상 개근은 학교출석과는 다르다. 노동법상의 개근이란 "소정근로일에 결근하지 않는 것"을 의미한다. 즉, 직장인들의 경우 지각과 조퇴가 있더라도 결근만 없다면 개근에 해당하는 것이다.

이제 에피소드로 돌아가 보자. 위 에피소드에서 김 팀장은 직원들의 동의를 받아서 '지각 3회 시 1회 결근' 제도를 도입하려 했지만, 이는 노동법상 위법한 제도가 된다. 따라서 김 팀장은 직원의 근태관리를 위해서 다른 방안을 고민해야 할 것 같다. 그렇다면 어떤 방법을 또 생각해내야 할까? 참 팀장하기 어려운 것 같다.

지각 vs. 조퇴 vs. 결근

구분	지각	조퇴	결근
개념	시업시간보다 늦게 출근하는 것	종업시간보다 일찍 귀가하는 것	근무해야 할 날에 출근하지 않는 것
임금공제	가능	가능	가능
개근여부 판단	개근	개근	개근 아님
주휴수당 지급 여부	주휴수당 지급	주휴수당 지급	주휴수당 미지급

더 알아보기

» 행정해석

'개근'이란 근로제공의 의무가 있는 소정근로일에 결근하지 않는 것을 의미합니다. 1주일간의 지각 또는 조퇴시간을 합산하여 8시간이 되더라도, 지각 또는 조퇴는 결근이 아니므로, 1일은 결근처리하여 개근일수에 영향을 줄 수 없다고 사료됩니다(근로기준과-5560, 2009.12.23.).

» 근로기준법

제55조(휴일)

사용자는 근로자에게 1주에 평균 1회 이상의 유급휴일을 보장하여야 한다.

» 근로기준법 시행령

제30조(주휴일)

법 제55조에 제1항에 따른 유급휴일은 1주 동안의 소정근로일을 개근한 자에게 주어야 한다.

Episode
#4

아침에 일찍 출근하는 직원이 나중에 연장근로라고 주장하면 어떻게 되나요?

김 팀장은 보통 아침 8시 정도에 출근한다. 9시가 정식 출근시간이지만 일찍 나오면 차도 덜 막히고 하루를 여유 있게 시작할 수 있어서 1시간 정도 일찍 출근하는 것이다. 그런데 8시에 출근하면 항상 정 대리가 먼저 출근해 자리에 앉아 있다. 정 대리는 "팀장님 안녕하세요?"라고 항상 밝게 인사한다. 김 팀장은 아침에 항상 일찍 출근하는 정 대리가 너무 기특해서 "정 대리 오늘도 일찍 나왔네요. 정 대리는 참 부지런해요."라고 대답하곤 했다.

얼마 전에는 "정 대리, 아침 몇 시에 나오는 거예요?"라고 물으니 "저는 보통 6시 30분이면 사무실에 도착합니다."라고 대답하는 것이다. 김 팀장은 정 대리가 이른 아침시간에 사무실에 나와 자격증 공부를 하는지, 독서를 하는지 알 수 없고, 직접 물어보기도 좀 그렇다. 그런데 갑자기 이런 생각이 들었다.

'나중에 정 대리가 아침에 일찍 나온 시간에 대해 연장근로수당을 청구하면 어떻게 하지? 혹시 스스로 일찍 나온 것도 노동법상 연장근로에 해당하나?'

근태관리에서 가장 어려운 부분이 연장근로시간에 대한 관리이다. 이번 에피소드는 출근시간보다 일찍 출근하는 경우 연장근로에 해당하는지에 대한 내용이다. 연장근로란 소정근로시간(당사자 간 약정한 근로시간)을 초과하는 근로를 의미한다. 이 개념을 적용하면 아침에 출근시간보다 일찍 출근하는 것이 연장근로에 해당할 것 같다는 생각이 든다. 그런데 아침 일찍 출근하는 것은 러시아워를 피하기 위해, 또는 본인의 학습을 위해서 등 실제 업무와 상관없으며, 본인의 자발적인 의사에 의해 이뤄지는 것이 보통이다.

여기서 한 가지 중요한 개념을 정리할 필요가 있다. 바로 '근로시간'의 정의이다. 대부분의 사람들은 회사에 머물러 있는 시간을 근로시간으로 생각한다. 그러나 이것은 근로시간에 대한 오해이다. 근로시간이란 '사용자의 지휘·감독하에 근로계약상의 근로를 제공하는 시간'을 의미한다. 다시 말해, 근로자가 사용자의 지휘·감독하에 있지 않았다면 사업장에 머물러 있는 시간일지라도 근로시간으로 보지 않을 수 있다는 것이다.

그렇다면 조기 출근은 어떻게 판단될까? 조기출근의 근로시간 판단 시 가장 중요한 요소는 '자발성 여부'이다. 조기출근이 회사의 지시에 의해 이뤄졌다면 당연히 근로시간으로 인정된다. 그러나 조기출근이 근로자의 자발적인 의사에 의한 것이라면 원칙적으로 근로시간으로 보지 않는다. 이러한 자발적인 조기출근의 경우 근로자는 근무시작시간 전까지 독서, 자격증 공부 등 사적활동을 수행하는 것이 일반적이다. 다만, 자발적인 조기출근의 경우일지라도 근무시작 시간 전에 상사가 업무를 지시했다면 조기출근은 근로시간으로 인정될 가능성이 있다.

조기출근과 관련하여 고용노동부도 "조기출근하지 않을 경우 임금을 감액하거나 복무위반으로 징계하는 등의 조치가 이뤄지지 않는다면 조기출근은 근로시간으로 보지 않는다."라고 해석(근기 01254-13305, 1988.8.30)하고 있는 것으로 볼 때 자발적인 조기출근은 근로시간으로 보지 않는다고 이해해도 좋을 듯하다.

이제 에피소드로 돌아가 보자. 김 팀장은 정 대리의 조기출근에 대해서 크게 불안해할 필요가 없다. 김 팀장은 정 대리에게 출근시간보다 일찍 나오라고 지시하지 않았기 때문이다. 나아가 근무시작 시간인 오전 9시 전에는 업무지시를 한 적이 없다면 노동법상 리스크는 고민하지 않아도 될 것 같다.

조기출근에 대한 근로시간 여부 판단

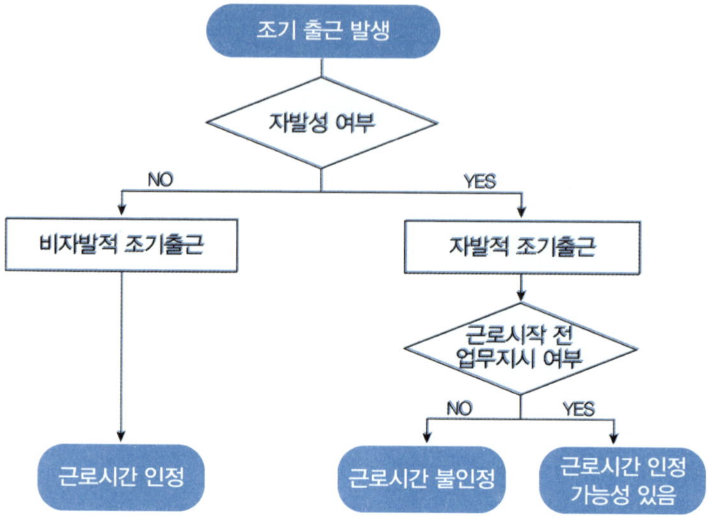

더 알아보기

» 판례

근로시간이란 근로자가 사용자의 지휘 · 감독 아래 근로계약상의 근로를 제공하는 시간을 말한다(대법원 2017.12.13. 선고, 2016다243078 판결).

» 행정해석

시업시간 이전에 조기출근토록 하여 시업에 지장이 없도록 하는 것을 근로시간으로 인정하여 임금이 지급되어야 할 것인가 여부는 조기출근을 하지 않을 경우 임금을 감액하거나 복무위반으로 제재를 가하는 권리의무관계라면 근로시간에 해당될 것이나 그렇지 않다면 근로시간에 해당되지 않음.(근기 01254-13305, 1988.8.30)

Episode
#5

주말에 바빠서 일한 직원을 평일에 쉬게 해도 괜찮을까요?

예담 아웃도어의 마케팅팀은 이번 달 매출신장을 위해서 특별히 VIP고객 초청행사를 2주간 진행하고 있다. 모든 행사가 그렇겠지만, 이번에도 여러 가지 돌발 상황이 발생하여 김 팀장은 일요일에 비상근무를 하게 되었다. 김 팀장을 돕기 위해 정 대리도 함께 일요일에 근무를 했다.

정신없이 일을 하다보니 끝이 없을 것 같던 업무가 모두 마무리되었다. 김 팀장은 홀가분한 마음으로 퇴근하면서 정 대리에게 말했다.

"정 대리, 오늘 일요일인데 정말 고생했어요. 매번 정 대리한테 부탁해서 정말 미안하네요. 아무래도 정 대리가 우리 팀에서 가장 믿음직하다보니 그런 거라 이해 좀 해줘요. 그리고 일요일에 근무했으니까 이번 주 평일 중 하루 잡아서 쉬어요."라고 말했다.

정 대리는 "팀장님도 고생 많으셨어요. 그럼 저는 이번 주 수요일에 하루 쉬겠습니다."라고 대답했다.

김 팀장은 노동법이 또 궁금해졌다. 일요일 근무에 대해 다음 주 평일인 수요일에 쉬기로 한 것은 상식적으로는 문제가 없을 것 같아 보인다.

'그러나 과연 노동법적으로도 문제가 없을까?'

주말에 바쁜 일로 인해 근무한 경우 평일에 하루 쉬게 하는 것은 많은 기업에서 흔히 일어나는 상황이다. 사실 이러한 제도 운영은 근로자의 추가적인 근로에 대해 수당 등 금전보상을 하는 것이 어렵기 때문에 선택하는 대안이기도 하다. 그런데 추가적인 근로에 대해 휴식을 부여하는 방식은 두 가지로 구분된다는 것을 기억해야 한다.

첫째, 휴일대체이다. 휴일대체란 휴일과 근무일을 서로 대체하는 제도이다. 예를 들어, 백화점의 경우 사전에 다음 달 근무 스케줄을 정한다. 이 과정에서 일요일에 근무를 해야 하는 경우 평일을 대체 휴일로 지정하게 된다. 즉, 사전에 휴일과 근무일을 서로 대체하는 것이다. 이러한 휴일대체의 경우 휴일과 근무일이 소위 1:1로 대체가 이뤄진다.

둘째, 보상휴가제이다. 보상휴가제란 휴일근로 등 추가근로에 대해서 휴가로 보상하는 제도이다. 예를 들어, 휴일에 일한 경우 평일에 추가적으로 휴가를 부여하는 것이다. 휴일대체와 사실상 비슷해 보인다. 그러나 휴일대체와 보상휴가는 한 가지 큰 차이가 있다. 바로 보상휴가를 부여할 경우 지급해야 할 수당을 기준으로 휴가를 부여해야 한다는 점이다.

예를 들어보자. 휴일에 8시간 근무를 하면 12시간(8시간×1.5=12시간)의 수당을 지급해야 한다. 즉, 휴일근로 8시간에 대하여 보상휴가 12시간을 부여해야 하는 것이다. 보상휴가제의 경우 가산수당의 개념이 적용되기 때문에 소위 1.5배의 휴가를 부여해야 한다.

그렇다면 상기 에피소드처럼 돌발 상황으로 인한 휴일 근무일 경우, 휴일대체에 해당할까 아니면 보상휴가제에 해당할까? 먼저 휴일대체와 보상휴가제를 구분하는 기준을 살펴보자. 실무적으로 가장 중요한 것은 '사전' 혹은 '사후' 여부이다. 휴일대체의 경우 '사전'에 이뤄져야 한다. 즉, 휴일에 근무하기로 했다면 언제를 대체휴일로 할 것인가를 사전에 정해야 하는 것이다. 반면에 보상휴가제는 보통 사후에 이뤄진다. 즉, 추가근무를 한 후 언제 쉴지 정하는 것이 일반적이다.

이제 에피소드로 돌아가 보자. 이제 답은 명확해졌다. 정 대리가 일단 일한 다음에 쉬는 날을 정했기 때문에 휴일대체가 아닌 보상휴가제에 해당한다고 판단된다. 여기서 가장 중요한 포인트는 무엇일까? 김 팀장은 박 대리에게 1일의 보상휴가가 아니라 1.5일의 보상휴가를 부여해야 한다는 것이다. 참고로 보상휴가제는 근로자대표와 서면합의를 해야 한다는 점도 기억할 필요가 있다. 과연 팀장들 중 이러한 차이를 알고 있는 분들이 얼마나 있을까? 자세히 들여다볼수록 노동법은 어렵기만 하다.

휴일대체 vs. 보상휴가제

구분	휴일대체	보상휴가제
개념	휴일과 근무일을 대체함	추가근무에 대해서 휴가로 보상함
핵심 이슈	사전에 대체휴일이 정해져야 함 (최소 근무 24시간 이전)	보통 사후에 보상휴가일이 정해짐
요건	근로자 동의(단, 공휴일의 경우 근로자대표 서면합의)	근로자대표 서면합의
방식	1 : 1 (휴일근로 1일 : 대체휴일 1일)	1 : 1.5 (추가근로 1일 : 보상휴가 1.5일)

더 알아보기

» 판례(휴일대체)

단체협약 등에서 특정된 휴일을 근로일로 하고 대신 통상의 근로일을 휴일로 교체할 수 있도록 하는 규정을 두거나 그렇지 않더라도 근로자의 동의를 얻은 경우, 미리 근로자에게 교체할 휴일을 특정하여 고지하면, 다른 특별한 사정이 없는 한 이는 적법한 휴일대체가 된다(대법원 2000.9.22. 선고, 99다7367 판결).

» 근로기준법(보상휴가제)

제57조(보상휴가제)

사용자는 근로자대표와의 서면 합의에 따라 제56조에 따른 연장근로 · 야간근로 및 휴일근로에 대하여 임금을 지급하는 것을 갈음하여 휴가를 줄 수 있다.

Episode
#6

한 달에 한 번 점심식사를 하면서 주간회의를 하면 문제가 될까요?

김 팀장은 요즘 몸이 두 개라도 모자랄 지경이다. 영업 전략회의, 판촉회의, 본부 주간회의 등 일주일에 참석해야 하는 회의만 10개가 넘는다. 이렇게 바쁜 중에도 팀 주간회의를 매주 월요일 오전에 꼭 챙기고 있다.

그런데 최근 매월 첫째 주에 하는 경영전략회의 일정이 오후에서 오전으로 변경되면서 팀 주간회의 시간과 겹치게 되었다. 김 팀장은 어쩔 수 없이 팀 주관회의를 오후로 변경하려고 했다. 그런데 가만히 보니, '매월 첫째 주만 간단히 점심을 함께 먹으면서 팀 주간회의를 하면 어떨까?' 하는 생각이 들었다.

김 팀장은 팀원들에게 "우리 매월 첫째 주만 점심식사를 함께하면서 팀 주간회의를 하면 어떨까요? 괜찮겠죠?"라고 의견을 물었다. 그런데 팀원들이 서로 얼굴만 쳐다볼 뿐 아무 대답도 하지 않는다. 특히 홍 과장의 표정이 제일 좋지 않다.

김 팀장은 '이러면 시간도 아끼고 괜찮지 않나? 다들 뭐가 문제지?'라는 생각이 들었다.

'과연 한 달에 한 번쯤 점심식사하면서 회의를 하는 게 문제가 될까?'

점심시간에 회의를 하는 모습은 직장에서 종종 볼 수 있다. 일부 기업의 경우 긴급상황, 개인 스케줄 등 다양한 이유를 들어 점심시간 회의가 일상화 되어 있기도 하다.

그런데 우리는 점심시간의 의미를 다시 한번 생각해볼 필요가 있다. 점심시간은 식사를 위한 시간이지만 노동법적으로 볼 때는 휴게시간에 해당한다. 근로기준법에서는 근로시간이 4시간인 경우에는 30분 이상, 8시간인 경우에는 1시간 이상의 휴게시간을 부여하도록 규정하고 있다. 그러나 실무적으로 볼 때 별도의 휴게시간을 부여하는 것이 아니라 점심시간의 형태로 부여하고 있는 것이다. 다시 말해, 점심시간은 휴게시간으로 부르는 것이 정확한 표현일 것이다.

그렇다면 '점심시간에 회의를 한다'는 것은 곧 '휴게시간에 회의를 한다'는 의미가 된다. 점심시간은 곧 휴게시간이기 때문에, 휴게시간에 회의를 하는 것은 노동법상 문제가 될 수 있다. 휴게시간에 회의를 하면 휴게가 아니기 때문이다.

이제 에피소드로 돌아가 보자. 김 팀장은 회사의 사정상 한 달에 한 번 정도 점심 먹으면서 회의를 하는 것이 가능하다고 생각했다. 그러나 이와 같이 휴게시간 회의를 제도화하는 것은 휴게시간 미부여의 문제를 발생시키게 된다. 또한 많은 직장인들이 점심시간에 운동, 학원수강, 독서모임 등 다양한 활동을 하고 있다. 상기 에피소드의 홍 과장은 점심시간에 화상영어회화를 하고 있었다. 따라서 휴게시간은 철저하게 개인이 자유롭게 사용할 수 있도록 보장해줘야 한다. 노동법은 대부분 상식적으로 이해가 되지만 가끔 이해가 안 될 때가 있다. 그래서 노동법은 어렵다.

휴게에 대한 오해와 진실

구분	내용	
휴게시간 업무지시	• 휴게시간에 업무를 지시해도 괜찮다.	오해
	• 휴게시간에 업무지시가 이루어지면 근로시간으로 인정될 수 있다.	진실
휴게시간 부여시점	• 휴게시간은 업무 종료 후 부여해도 된다.	오해
	• 휴게시간은 근로시간 도중에 부여해야 한다.	진실
휴게시간 분할	• 휴게시간은 분할해서 부여할 수 없다.	오해
	• 휴게시간은 분할해서 부여할 수 있다(오전 15분, 점심 30분, 오후 15분 등).	진실
대기 시간	• 대기시간은 휴게시간이다.	오해
	• 사용자의 지휘·감독 아래에 있는 대기시간은 근로시간으로 본다.	진실
휴게시간 유·무급	• 휴게시간은 유급이다.	오해
	• 휴게시간은 무급이 원칙이다. 다만 노사합의에 의해 유급으로 할 수 있다.	진실

더 알아보기

근로기준법

제54조(휴게)

① 사용자는 근로시간이 4시간인 경우에는 30분 이상, 8시간인 경우에는 1시간 이상의 휴게시간을 근로시간 도중에 주어야 한다.

② 휴게시간은 근로자가 자유롭게 이용할 수 있다.

새로운 읽을거리

왜 인사관리를 통합적으로 접근해야 하는가?

리더의 가장 어려운 일은 무엇일까? 아마도 많은 리더가 '사람관리'라고 대답할 것 같다. 물론 사람을 관리한다는 것이 적절한 표현이지에 대해서는 논쟁의 소지가 있겠지만 '사람과 관련된 일'이 가장 어렵다는 것에는 대부분 동의하지 않을까 싶다. 사람과 관련된 일을 무엇이라고 부르는가? 인사관리라고 한다. 즉, 인사관리는 인사팀만이 아니라 모든 리더가 수행하는 아주 중요한 일이다.

이런 인사관리가 점점 더 복잡해지고 어려워지고 있다. 이러한 변화 속에서 우리는 인사관리를 통합적으로 접근하는 것에 대한 고민을 시작해야 한다. 그럼 무엇을 통합적으로 접근해야 할까? 통합적 접근의 다양한 방식이 있겠지만 실무적으로 가장 필요한 것은 HR과 노동법의 통합적 접근이라고 볼 수 있다.

인사관리의 통합적 접근(Integrated Approach)

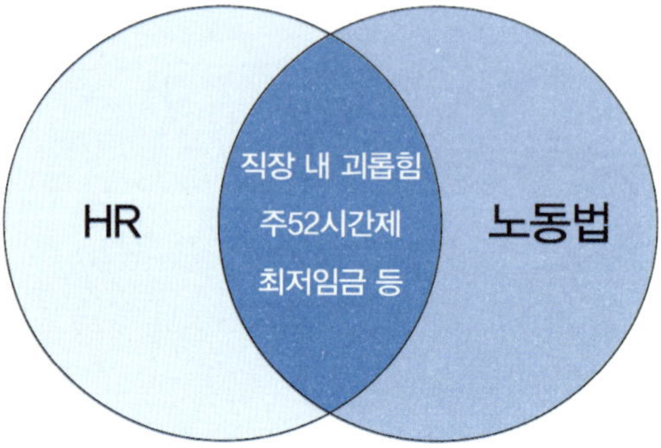

인사관리의 통합적 접근에 대한 예를 들어 보자

첫 번째 직장 내 괴롭힘 금지를 살펴보자. 직장 내 괴롭힘 금지는 2019년 7월 16일 근로기준법 개정을 통해서 시행되었다. 따라서 노동법 측면의 변화라고 볼 수 있다. 그러나 직장 내 괴롭힘을 예방하기 위해서는 어떤 접근이 필요할까? 조직의 소통방식의 변화, 리더십의 변화, 조직문화의 변화 등 HR측면의 접근이 필요하다. 즉, 직장 내 괴롭힘을 통합적으로 접근하지 않으면 문제를 해결하기 어려울 것이다.

두 번째 주52시간제에 대해서 살펴보자. 주52시간제는 근로기준법의 변경을 통해서 시행되었으며 1주간 연장근로가 휴일근로를 포함하여 12시간으로 제한되는 제도이다. 따라서 노동법의 변화라고 볼 수 있다. 그러나 기업현장은 어떠한가? 주52시간제가 시행되자 교대제 개편, 유연근로시간제 도입, 성과관리 변화 등을 시행하고 있다. 즉, 주52시간제의 성공적인 정착은 노동법과 HR의 통합적 접근을 통해서 가능하다고 볼 수 있다.

세 번째 최저임금에 대해서 살펴보자. 2022년 최저임금은 시급 9,160원이다. 월급기준으로 1,914,440원이다. 최저임금의 변화는 최저임금법 등 노동법적 측면의 변화이다. 그러나 기업은 최저임금 상승에 어떻게 대응하는가? 상여금 제도의 폐지, 임금체계의 개편, 키오스크 도입 등 인력 운영방식의 변화를 시도하고 있다. 최저임금의 상승 역시 노동법과 HR의 통합적 접근을 통해서 효과적으로 대응할 수 있는 것이다.

사실 10여년 전만해도 인사관리의 법적이슈는 그다지 높지 않았다. 그러나 최근 10년 사이 앞서 설명한 직장 내 괴롭힘, 주52시간제, 최저임금 등뿐만 아니라 통상임금, 불법파견, 저성과자관리 등 다양한 통합적 이슈가 지속적으로 증가하였다.

또한 MZ세대는 회사가 노동법을 준수하지 않는다면 직접적으로 이의를 제기하거나 시정을 요청하는 등의 모습을 보이고 있다. 이러한 접근은 본인의 권리를 주장하는 것을 넘어 기업의 ESG경영 측면에서 법률의 엄격한 준수를 요청하는 것으로 이해해야 한다. 따라서 이제 리더가 적당히 얼버무리며 인사관리를 하던 시대는 지나갔다. 지킬 것을 정확히 지키고 요구할 것을 요구하는 시대가 된 것이다.

'노동법 좀 아는 리더'는 이러한 관점에서 쓰여진 책이다. 이제 HR과 노동법을 함께 이해하는 리더가 많아지고 나아가 이러한 변화가 조직의 건강성을 조금이나마 높이기를 바라는 마음이다.

리더를 위한 에피소드 노동법

노동법 좀 아는 리더!!!

Ⅱ 연차휴가 Episode

#1. 신입사원은 왜 연차휴가가 26일일까요?

#2. 딱 1년만 근무하면 연차가 26일인가요?
아니면 11일인가요?

#3. 팀원이 연차휴가일 변경을 거부합니다.
어떻게 해야 할까요?

#4. 연차휴가 대신 수당을 원하는 직원들이
연차휴가를 쓰게 만들 방법이 있을까요?

#5. 연차촉진일에 출근해도
연차는 촉진된 것으로 보나요?

Episode

#1

신입사원은 왜 연차휴가가 26일일까요?

김 팀장은 요즘 일할 맛이 난다. 지난달 최 대리가 갑자기 그만두는 바람에 업무 공백이 크게 생겼는데, 마음에 쏙 드는 신입사원을 뽑았기 때문이다. 신입이기는 하지만 광고대전 입상 경력도 있고 인턴 경험도 있어서 그런지 곧잘 일을 한다. 게다가 성격도 시원시원해 마케팅 업무에 적격이다. 조그만 시간이 지나면 신입사원이 최 대리보다도 일을 잘할 것 같다는 기대감이 든다.

그런데 김 팀장은 얼마 전에 수강한 온라인 노동법 교육에서 신입사원의 연차가 26일이라고 한 것이 기억났다. 교육을 들을 때는 팀장이 아니어서 크게 신경쓰지 않았는데, 이제 팀장이 되고 보니 신입사원 연차를 정확히 알아야겠다는 생각이 들었다.

그래서 인사담당 서 대리에게 전화를 했다. "서 대리 신입사원은 연차가 며칠인가요?"

"근로기준법에 26일로 되어있습니다. 팀장님" 서 대리는 자세한 설명없이 약간 귀찮은 듯 형식적으로 대답한다.

김 팀장은 이해가 되지 않는다. '대리급도 연차가 16일이나 17일 정도인데 왜 신입사원은 연차가 26일이나 되는 걸까?'

리더들이 가장 어려워하는 부분이 연차휴가이다. 연차휴가제도는 본래 복잡하기도 하지만 계속적으로 법개정이 있었기 때문에 더욱 까다롭게 느껴질 수 있다.

먼저 연차의 개념에 대해 알아보자. 연차의 정확한 표현은 '연차유급휴가'이다. 기본적으로 1년간 80% 이상 출근한 근로자에게 15일의 연차휴가를 부여한다. 그리고 만 2년마다 1일의 가산휴가를 부여해서 최대 25일까지 증가하게 된다. 즉, 15일, 15일, 16일, 16일, 17일, 17일… 이런 식으로 부여되는 것으로 이해할 수 있다.

연차휴가의 개념

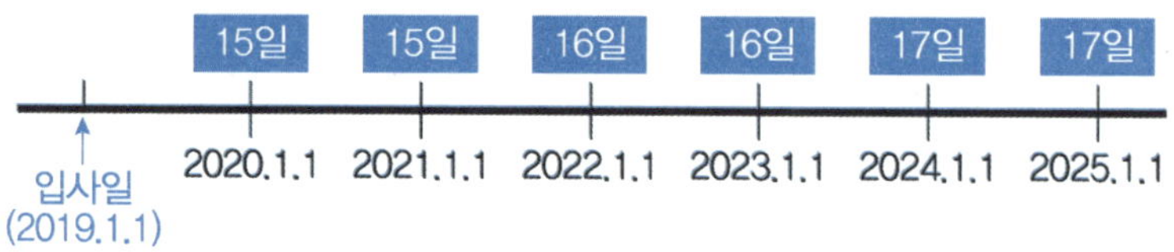

그런데 신입사원의 연차는 좀 더 복잡하다. 신입사원의 경우 1년 미만 근무기간에 대해서 1개월 개근 시 1일의 연차를 추가로 부여하도록 되어 있다. 즉, 1년이 되는 시점 전까지 1개월에 1일씩 11일의 연차를 먼저 받게 된다. 그리고 1년이 되는 시점에서 15일의 연차를 추가로 받게 되는 것이다. 따라서 신입사원의 경우 1년차 때 26일(11일+15일)의 휴가를 받게 된다. 아래 그림을 통해서 이해하는 것이 좀 더 이해가 쉬울 것 같다.

신입사원 연차휴가

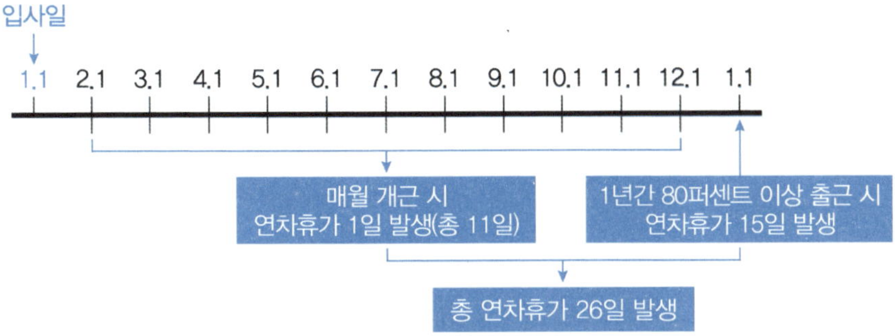

그럼 2년차는 어떻게 될까? 2년차의 경우에는 1년차 때 받는 1개월 개근 시 1일의 연차가 발생하지 않기 때문에 연차는 15일이 된다. 다시 말해서 1년차의 경우 1년간 연차가 26일이지만 2년차의 경우에는 15일에 불과하게 되는 현상이 발생하는 것이다.

이제 에피소드로 돌아가 보자. 김 팀장의 마음에 쏙 드는 신입사원은 매월 1일씩 1년간 11일의 연차를 부여받고 1년이 되는 시점에서 15일의 연차를 추가적으로 부여 받게 된다. 서점에 가면 〈연차유급휴가〉라는 제목의 책이 있을 정도로 연차유급휴가의 내용은 복잡하고 방대하다. 모든 것을 다 알고 이해하려 애쓰기보다는 기본적인 내용만 알아도 충분할 듯하다.

더 알아보기

근로기준법

제60조(연차 유급휴가)

① 사용자는 1년간 80% 이상 출근한 근로자에게 15일의 유급휴가를 주어야 한다.

② 사용자는 계속하여 근로한 기간이 1년 미만인 근로자 또는 1년간 80% 미만 출근한 근로자에게 1개월 개근 시 1일의 유급휴가를 주어야 한다.

④ 사용자는 3년 이상 계속하여 근로한 근로자에게는 제1항에 따른 휴가에 최초 1년을 초과하는 계속 근로 연수 매 2년에 대하여 1일을 가산한 유급휴가를 주어야 한다. 이 경우 가산휴가를 포함한 총 휴가 일수는 25일을 한도로 한다.

Episode
#2

딱 1년만 근무하면 연차가 26일인가요? 아니면 11일인가요?

김 팀장은 오전에 연차휴가에 대한 새로운 사실을 알게 되었다. 조 과장이 갑자기 이런 이야기를 하는 것이다.

"팀장님 연차휴가가 변경되었다는데 혹시 알고 계세요?"

"아니요. 조 과장. 연차휴가가 어떻게 바뀌었데요?"

"네 팀장님, 이제 딱 1년만 근무하면 연차를 11일만 주면 된다고 하네요."

"그래요?. 얼마 전 노동법 교육에서 신입사원에게는 연차를 26일 주라고 했잖아요. 그런데 딱 1년만 근무하면 11일만 주면 된다고요?"

"최근에 대법원에서 1년 계약직 직원에 대해서 연차를 11일만 주면 된다고 했데요. 알고 계셔야 할 것 같아요."

김 팀장은 조 과장과 대화를 마치고 연차가 더욱 어려워졌다. '신입사원에게는 연차를 26일을 주면서 왜 1년 계약직 직원에게는 연차를 11일만 주라고 하는 걸까?'

연차는 정말 알면 알수록 어려운 것 같다.

연차휴가가 어려운 이유 중 하나는 기준이 자주 변경된다는 것이다. 최근 1년 근무 후 퇴직한 직원에 대한 연차휴가 기준이 변경되었다.

생각해보자. 1년을 근무하고 퇴직한 직원의 연차는 어떻게 될까? 26일일까? 아니면 11일일까?

두 가지 주장 모두 나름대로 타당한 근거가 있다. 먼저 26일이라고 주장하는 근거는 1개월 개근에 따른 11일의 연차와 1년 근속에 따른 15일의 연차가 모두 정상적으로 발생한다는 것이다.

다음으로 11일이라고 주장하는 근거는 1년 근무하고 퇴직한 직원의 경우 1년 근속에 따른 15일의 휴가를 사용할 수 없기 때문에 1개월 개근에 따른 11일의 연차만 발생한다는 것이다.

과거부터 이러한 논쟁이 있었지만 고용노동부는 1년을 근무하고 퇴직한 경우에도 26일의 연차가 발생한다고 판단하였다. 그러나 최근(2021년 10월 14일) 대법원이 다른 판단을 내린 것이다. 대법원은 "연차휴가는 일정기간 출근한 근로자에게 일정기간 유급으로 근로의무를 면제함으로써 정신적·육체적 휴양의 기회를 제공하고 문화적 생활의 향상을 기하기 위한 것이라는 연차휴가 제도의 목적을 고려하면, 다음 해에도 근로관계를 유지하는 것을 전제로 하여 2년차에 15일의 유급휴가를 주어야 한다"고 판단한 것이다. 즉, 1년만 근무하고 퇴직한 근로자의 경우에는 1개월 개근에 따른 11일의 연차만 발생할 뿐, 1년 근속에 따른 15일의 연차는 발생하지 않는다는 것이다.

1년 계약직 근로자 연차유급휴가

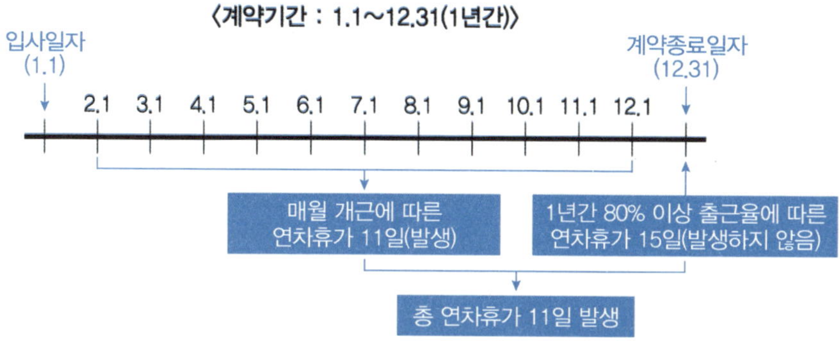

※ 정규직 근로자로서 1년만 근무하고 퇴직한 경우도 동일하게 적용됨

상기 그림을 보니 이해가 좀 쉬운 것 같다. 참고로 1년 근속 후 퇴직한 경우는 계약직 근로자만 해당하는 것이 아니라 정규직 근로자의 경우도 동일하게 적용된다는 점도 기억해 둘 필요가 있다. 즉, 정직원으로 입사한 직원이 1년 근무 후 퇴직한 경우에도 11일의 연차휴가만 발생하는 것이다.

이제 에피소드로 돌아가 보자. 김 팀장은 오늘 매우 유익한 정보를 알게 되었다. 신입사원이 계속 근무하는 경우에는 1년간 총 26일의 연차가 발생하지만 딱 1년만 근무하고 퇴직한 경우에는 정규직과 계약직을 불문하고 11일의 연차가 발생한다는 것이다. 연차는 어렵지만 알고 나면 유익한 정보임에는 틀림없는 것 같다.

더 알아보기

판례(1년 기간제 근로자에 대한 연차휴가)

1년 기간제 근로계약을 체결한 근로자에게는 최대 11일의 연차휴가가 부여된다고 판단함(대법원 2021.10.14. 선고, 2021다227100 판결)

근로기준법 제60조제1항은 최초 1년간 80퍼센트 이상 출근한 근로자가 그다음 해에도 근로관계를 유지하는 것을 전제로 하여 2년차에 15일의 유급휴가를 주어야 한다는 취지로 해석함이 타당하다. 즉, 근로기준법 제60조제1항은 1년 기간제 근로계약을 체결하여 1년의 근로계약기간이 만료됨과 동시에 근로계약관계가 더 이상 유지되지 아니하는 근로자에게는 적용되지 않는다.

연차유급휴가 행정해석 변경

1년 간의 근로를 마친 "다음 날 근로관계가 있어야" 연차휴가 및 그 미사용 수당 청구 가능(2021.12.17. 고용노동부 임금근로시간과)

고용노동부는 근로기준법 제60조제1항에 따른 "「1년간 80% 이상 출근한 근로자에게 주어지는 15일의 연차휴가」에 대한 행정해석을 변경하여 12월 16일부터 시행한다."고 밝혔다. …(중략)…

앞으로는 1년간 근로관계가 존속하고, 80% 이상 출근해도, 그 1년의 근로를 마친 다음날(366일째) 근로관계가 있어야 15일의 연차가 발생하고, 퇴직에 따른 연차 미사용 수당도 청구할 수 있는 것으로 해석을 변경한다. 이번 대법원 판례는 계약직의 경우이나, 정규직의 경우에도 동일하게 해석한다.

Episode
#3

팀원이 연차휴가일 변경을 거부합니다. 어떻게 해야 할까요?

김 팀장은 오늘 아침부터 조 과장과 불편한 대화를 나눴다. 연차 때문이다.

"조 과장, 이번 주 금요일에 낸 연차 혹시 변경 가능할까요? 알다시피 다음 주 월요일 경전회의가 있잖아요. 요즘 매출도 안 좋고 분위기가 영 그런데…."

"이번 연차는 바꾸기가 어려울 것 같습니다, 팀장님. 양해 부탁드립니다."

"조 과장, 요즘 회사 분위기 몰라요? 꼭 그날 연차를 써야겠어요?"

"팀장님, 제 연차를 제가 마음대로 가겠다는데 뭐가 문제입니까?"

조 과장, 이 얘기는 잠시 후에 다시 합시다."

김 팀장은 조 과장의 행동이 도무지 이해되지 않는다.

'과장쯤 되면 회사 분위기도 잘 알 텐데… 어떻게 경전회의 전에 연차를 쓸 생각을 했을까?'라는 생각이 들어 더 화가 났다.

그런데 한편으로, 조 과장 말처럼 직원이 원하면 회사의 승인 없이도 연차를 마음대로 갈 수 있는지 궁금해졌다. '과연 연차는 회사 업무와 상관없이 직원 마음대로 쓸 수 있는 것인가?'

일터에서 많이 발생하는 갈등 중 하나가 연차일 변경과 관련된 문제이다. 일반적으로 회사에서는 직원이 연차휴가일을 정해서 신청하고 승인이 이루어진다. 그러나 연차휴가일에 긴급한 업무가 예상되는 등의 경우 리더는 해당 직원에게 연차휴가일 변경을 요청하곤 한다. 보통 여기서 갈등이 발생한다. 직원은 자신의 휴가이기 때문에 당연히 원하는 날 휴가를 가려고 한다. 그러나 회사 입장에서는 업무 상황을 고려해 휴가일 조정을 요청할 수 있다고 생각한다. 이렇게 회사와 근로자 사이에는 생각의 차이가 존재한다. 그러나 이 생각의 차이는 생각보다 크다.

이와 관련해 먼저 근로기준법상 기준을 정확히 이해해야 한다. 근로기준법에서는 두 가지 기준을 제시하고 있다. 먼저 "근로자가 청구한 시기에 연차휴가를 부여해야 한다."라는 것이다. 즉 '연차휴가는 근로자의 권리'라는 것을 명확히 하는 내용이다. 이를 근로자의 '시기지정권'이라고 한다. 다음으로 "사업 운영에 막대한 지장이 있는 경우에는 그 시기를 변경할 수 있다."라는 것이다. 이것은 '사용자가 연차휴가일을 변경시킬 수 있다'는 내용이다. 이를 사용자의 '시기변경권'이라고 한다.

이렇게 법조문을 보니 더 헷갈리는 것 같다. '근로자의 시기지정권'과 '사용자의 시기변경권'의 충돌 시 어떻게 판단할까? 먼저 근로자의 시기지정권이 인정된다는 것을 기억하자. 그리고 사용자의 시기변경권의 기준에서 중요한 단어에 집중해야 한다. 바로 '사업운영에 막대한 지장'이라는 표현이다. 즉, '사업운영에 막대한 지장'이라는 단서에 해당하는 경우에만 사용자에게 시기변경권을 허용한다는 것이다.

그렇다면 사업운영에 막대한 지장이란 무엇을 뜻할까? 이는 매우 주관적인 기준이기 때문에 오히려 판단하기가 쉽지 않다. 또한 막대한 지장에 대해 사용자가 입증책임을 지게 된다. 결론적으로 시기지정권과 시기변경권이 충돌할 경우 누가 보더라도 인정될 수 있는 특별한 경우(예 : 공정의 가동 중단 등)가 아니라면 회사가 직원의 연차휴가 변경을 요청하기는 어렵다고 볼 수 있다.

이제 에피소드로 돌아가 보자. 김 팀장은 조 과장이 연차휴가일을 변경하지 않는 것이 서운할 수 있다. 그러나 조 과장에게 연차휴가일을 변경하도록 강제하면 또 다른 법적 분쟁의 소지를 만들 뿐 조직관리에 도움이 되지 않는다. 김 팀장으로선 마음이 내키지 않겠지만, 좀 더 팀원의 마음을 이해하는 수밖에 없을 듯하다.

연차휴가 시기지정권 vs. 연차휴가 시기변경권

구분	시기지정권	시기변경권
개념	• 근로자가 연차휴가일을 지정할 수 있는 권리	• 사용자가 연차휴가일을 변경할 수 있는 권리
추가조건	• 없음	• '사업운영에 막대한 지장'이 있는 경우에 한하여 인정됨 (입증책임은 사용자에게 있음)
비고		• 사업운영에 막대한 지장으로 인정될 수 있는 경우 : 의사가 심장수술일에 연차를 청구한 경우, 재고관리자가 재고조사일에 연차를 청구한 경우 등

더 알아보기

» 근로기준법

제60조(연차 유급휴가)

⑤ 사용자는 제1항부터 제4항까지의 규정에 따른 휴가를 근로자가 청구한 시기에 주어야 하고, 그 기간에 대하여는 취업규칙 등에서 정하는 통상임금 또는 평균임금을 지급하여야 한다. 다만, 근로자가 청구한 시기에 휴가를 주는 것이 사업 운영에 막대한 지장이 있는 경우에는 그 시기를 변경할 수 있다.

Episode

#4

연차휴가 대신 수당을 원하는 직원들이 연차휴가를 쓰게 만들 방법이 있을까요?

김 팀장은 퇴근도 못하고 한참 동안 업무연락을 읽어보고 있다. 오늘 오후에 인사팀에서 게시한 「2020년 인사평가 시행방안」이라는 제목의 업무연락이다. 내용 중 '인사평가 가감점' 사항에 시선이 멈췄다. 인사평가 시 연차휴가사용률에 따라 가점과 감점을 적용하겠다는 것이다.

김 팀장 본인도 매년 1월 급여 때 연차수당을 꽤 쏠쏠히 받아왔기 때문에, 연차를 사용함에 따라 수당이 줄어드는 것이 그리 달갑지 않다. 그리고 '과연 팀원들이 연차를 다 사용할까? 다들 연차수당을 받으려고 할 텐데….'라는 생각으로 이어졌다.

업무연락을 쭉 읽다보니 마지막 줄에 '향후 연차사용촉진제도를 시행한다'라는 문구가 눈에 띄었다. 연차휴가사용촉진제도가 뭘까? 연차를 사용하도록 촉진하는 제도인 것 같은데 설명이 굉장히 어려워 이해가 되질 않는다.

'앞으로 연차를 수당으로 달라고 하는 직원들을 어떻게 설득해야 하나?' 김 팀장의 머리가 복잡해지기 시작했다.

근로기준법에 연차사용촉진제도라는 것이 있다. 왜 이런 제도가 만들어졌을까? 생각해보자. 원래 연차휴가는 근로자가 쉬라고 만든 제도이다. 그런데 연차휴가를 사용하지 않으면 매년 정산해서 수당으로 준다. 이것을 연차수당이라고 부른다. 근로자는 연차휴가를 사용하지 않고 수당으로 받는 것을 더 선호하는 경향이 있다. 이것이 우리나라의 뿌리 깊은 연차휴가 관행이다.

이러한 관행을 바꾸기 위해서 만들어진 것이 바로 연차사용촉진제도이다. 연차사용촉진제도란 회사가 연차를 촉진했음에도 불구하고 사용하지 않은 경우 금전으로 보상하지 않아도 되는 제도다. 즉, 연차사용촉진제도는 연차를 수당으로 받는 것을 더 선호하는 근로자들에게 회사가 연차를 사용하도록 강제하는 것을 허용하는 제도라고 볼 수 있다. 여기서 중요한 점은 '연차를 촉진한다'의 의미는 곧 '연차를 사용하도록 한다'는 것이다. 그런데 일부 기업에서 연차사용촉진을 형식적인 서류작업으로 인식하고 실제 연차촉진일에 근무를 시키는 경우가 있다. 이는 연차사용촉진의 개념을 오해한 것이라고 볼 수 있다.

그렇다면 연차사용촉진은 어떻게 하는 것일까? 이는 너무 복잡해서 글로 표현하기가 쉽지 않으므로 그림으로 설명해보려고 한다.

연차유급휴가 사용촉진 [1년 이상 근무자] (1.1. 입사자 기준)

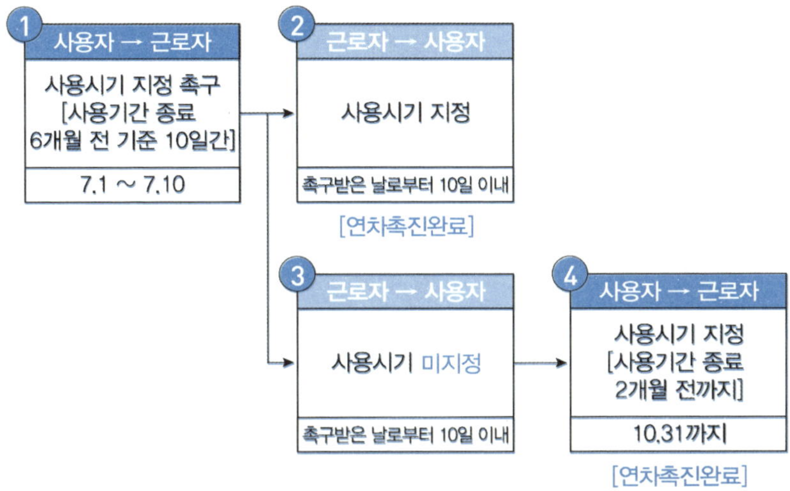

예를 들어보자. 연차휴가사용기간이 12월 31일까지인 경우, 사용자는 7월 1일부터 7월 10일 사이에 미사용연차 일수를 알려주고 언제 사용할지를 정하도록 통보한다(①). 그러면 근로자는 10일 이내에 미사용연차를 언제 사용할지를 정해서 회사에 통보하면 연차촉진은 완료된다(②). 그런데 만약 근로자가 미사용연차 사용시기를 통보하지 않은 경우에는 어떻게 될까?(③) 이 경우에는 회사가 10월 31일까지 연차휴가의 사용시기를 정해서 근로자에게 알려줘야 한다(④). 이것이 연차사용촉진이다. 복잡해 보이지만, 개념만 이해해도 괜찮다. 연차휴가사용촉진은 인사팀 주관으로 꼼꼼히 이루어지기 때문에 리더는 큰 틀만 이해해도 대부분 문제가 없다.

이제 에피소드로 돌아가 보자. 회사는 직원들이 연차휴가를 사용하기를 원한다. 그런데 직원들은 연차휴가를 사용하기보다 연차수당을 원한다. 그래서 회사 차원에서 부득이하게 인사평가의 가감점 기준으로 연차사용률을 추가한 것으로 볼 수 있다. 이제 리더는 법에서 허용하고 있는 연차촉진제도를 직원들에게 알려주고 가급적 연차휴가를 적극적으로 사용할 수 있도록 권해야 할 것이다.

더 알아보기

연차휴가사용촉진 법적 근거

근로기준법 제61조 제1항(연차유급휴가의 사용 촉진)

사용자가 연차유급휴가의 사용을 촉진하기 위하여 소정의 조치를 했음에도 불구하고 근로자가 휴가를 사용하지 아니하여 소멸된 경우, 사용자는 그 사용하지 아니한 휴가에 대하여 보상할 의무가 없고 사용자의 귀책사유에 해당하지 아니하는 것으로 본다.

(근로기준법 조문을 이해하기 쉽게 재구성함)

Episode
#5

연차촉진일에 출근해도 연차는 촉진된 것으로 보나요?

예담 아웃도어는 올해 처음으로 연차촉진을 시행한다. 역시나 팀원들의 표정이 영 좋지 않다. 연차수당을 더 선호하는 것이 당연하다는 생각이 들기도 한다. 그러나 회사에서 정한 방침이니 다들 투덜대기는 해도 달력을 꺼내들고 나름대로 연차촉진계획을 수립했다.

그런데 오늘 난감한 상황이 발생했다. 조 과장이 연차촉진일에 출근한 것이다. 김 팀장이 "조 과장, 오늘 연차휴가 아닌가요?"라고 묻자 조 과장은 "네 연차 맞는데요, 오늘 판촉행사 기안을 꼭 마무리해야 해서 나왔습니다." 라고 대답하는 것이다.

김 팀장은 갑자기 헷갈렸다. '연차를 촉진하면 출근해도 수당을 주지 않아도 된다고 듣긴 했는데, 정말 문제가 없을까? 그리고 솔직히 업무 때문에 연차날 출근했는데 이걸 연차를 사용한 것으로 보는 건 좀 너무한 것 같은데.'

김 팀장의 머릿속에서 이런 생각이 계속 꼬리에 꼬리를 물었다.

'과연 연차촉진일에 출근해도 연차가 촉진된 것으로 볼 수 있을까?'

복잡한 연차촉진을 겨우 이해하고 나니 또 하나의 문제가 발생했다. 연차촉진일에 직원이 출근한 것이다. 이러한 상황은 크게 두 가지로 나눠 봐야 한다.

첫째, 연차촉진일에 상사가 무언(無言)의 압박을 해서 출근하도록 하는 경우이다. 서류상으로만 연차를 촉진하면 출근 여부와 관계없이 연차수당을 주지 않아도 된다는 생각인 것이다. 그러나 이는 매우 큰 오해이다. 연차촉진은 연차일에 근로자를 근무시키고 수당을 주지 않기 위한 제도가 아니다. 연차촉진일에 출근한 직원에게 업무지시를 했다면 연차촉진은 이뤄지지 않은 것으로 본다. 이러한 경우에는 회사가 직원의 연차휴가일 근로의 청약을 승인한 것으로 판단하기 때문이다.

둘째, 직원이 연차촉진일에 스스로 출근하는 경우이다. 이 경우 복잡한 문제가 발생한다. 직원과 회사의 입장이 서로 다르기 때문이다. 직원은 연차수당 때문이 아니라 진짜 일이 많아서 출근한 것이라고 주장한다. 그런데 회사는 업무 때문이 아니라 수당을 받으려고 출근한 것이라고 생각한다.

이와 관련하여 행정해석은 '노무수령 거부권을 행사한 경우 연차휴가는 촉진된 것으로 본다'라고 해석하고 있다. 노무수령 거부권이란 '노무수령 거부 통지서 교부' 또는 '컴퓨터 화면에 노무수령 거부를 표시함' 등 명확한 노무수령 거부 의사표시를 의미한다. 그런데 개인적인 생각으로 노무수령 거부권은 매우 제한적으로 행사되어야 한다고 본다. 연차촉진일에 쉬지 않고 근무를 원하는 직원은 거의 없기 때문이다.

그렇다면 연차촉진일에 출근한 직원은 어떻게 조치하는 것이 좋을까? 물론 노무수령 거부권을 행사하는 것도 가능하다. 그러나 향후 노무수령 거부권이 적법하게 이뤄졌는지에 대하여 법적 다툼이 발생할 가능성은 여전히 존재한다. 따라서 만약 직원이 연차촉진일에 출근했다면, 노무수령거부권 행사보다는 연차휴가일 변경 조치가 더 바람직한 방법이라고 생각된다. 물론 연차촉진일에 출근하는 것이 반복된다면 부득이하게 노무수령거부권을 행사할 필요가 있을 것이다.

이제 에피소드로 돌아가 보자. 김 팀장은 조 과장의 연차촉진일 출근에 대해 노무수령 거부권을 행사할 수 있다. 그러나 이러한 경우가 처음이거나 또는 반드시 출근을 해야 하는 상황이었다면 연차촉진일을 변경하도록 조치하는 것이 더 나은 방안이라고 본다. 물론, 연차촉진일에 예정대로 쉬는 것이 가장 깔끔한 연차촉진일 것이다.

연차촉진에 대한 오해와 진실

구분	내용	판단
연차촉진 효력	• 연차촉진일에 출근시켜도 무조건 연차는 촉진된다.	오해
	• 연차촉진일에 출근하게 되면 연차촉진의 효력에 다툼이 생길 수 있다.	진실
연차촉진 기준	• 회사 자체 기준으로 연차촉진을 해도 상관없다.	오해
	• 연차촉진은 근로기준법에서 정한 기준에 따라서 시행되어야 한다.	진실
연차촉진 목적	• 연차촉진은 연차수당을 주지 않기 위한 제도이다.	오해
	• 연차촉진은 연차를 사용하도록 하기 위한 제도이다.	진실
연차촉진일 변경	• 연차촉진일은 변경할 수 없다.	오해
	• 회사가 승인한 경우에는 연차촉진일 변경이 가능하다.	진실
연차촉진 법적의무 여부	• 연차촉진은 법적 의무사항이다.	오해
	• 연차촉진은 법적 의무사항이 아니라 회사의 선택사항이다.	진실

더 알아보기

판례

근로자가 지정된 휴가일에 출근하여 근로를 제공한 경우 사용자가 휴가일에 근로한다는 사정을 인식하고도 노무의 수령을 거부한다는 의사를 명확하게 표시하지 아니하거나 근로자에 대하여 업무 지시를 했다면 특별한 사정이 없는 한 근로자가 자발적인 의사에 따라 휴가를 사용하지 않은 것으로 볼 수 없어 사용자는 근로자가 이러한 근로의 제공으로 인해 사용하지 아니한 휴가에 대하여 여전히 보상할 의무를 부담한다(대법원 2020.2.27. 선고, 2019다279283 판결).

새로운 읽을거리

주4일 근무제 도입 시 HR은 무엇을 준비해야 하나?

'주5일제 → 주52시간 상한제 → ?'라는 문장에 '?'는 무엇일까? 아마도 '주4일제'가 될 가능성이 높다. 주4일 근무제라고? 정말 주4일 근무가 가능할지에 대해서 의견이 나누어지는 것 같다. 그러나 근로시간의 단축이 지금까지 계속되어 왔다는 점에 비추어 볼 때 충분히 현실화될 가능성이 높다. 2021년 7월 1일부터 주52시간 상한제가 5인 이상 사업장에 적용된다. 즉, 이제 우리나라가 주52시간 나라가 되는 것이다. 많은 사람들이 주52시간 상한제는 어렵다고 말했다. 그러나 기업은 이제 주52시간제에 적응하고 있다. 주5일제가 도입될 때는 더 심각했다. '어떻게 1주에 2일을 쉴 수 있냐?'고 말했다. 그러나 우리는 주5일제를 즐기며 생활하고 있다. 이러한 흐름으로 볼 때 이제 주4일제를 논의할 시점이 된 것 같다. 또한 기업이 주4일제를 검토해야만 하는 현실적인 이유가 있다. 바로 채용이다. 만약 여러분이 구직자라고 가정해 보자. 비슷한 수준의 기업이 있다. A사는 주5일제이고 B사는 주4일제이다. 고민이 필요한가? 당연히 B사를 선택할 것이다. 특히 MZ세대는 일과 삶의 조화를 매우 중요하게 여긴다. MZ세대에게 주4일제는 너무나 매력적인 근무조건이 될 것이다. 기업이 우수인재를 확보하지 못한다면 미래를 기대할 수 없다. 따라서 이제 주4일제는 피할 수 없는 이슈로 다가올 것이다. 물론 주4일제가 기업에 미치는 영향은 다양한 측면에서 검토되어야 한다. 특히 근로시간 단축은 생산성에 영향을 주기 때문에 기업 경쟁력에 결정적인 변수가 될 수 있다. 따라서 기업의 지속가능한 성장이라는 전제하에서 주4일제를 접근해야 할 것이다.

주4일제와 HRM

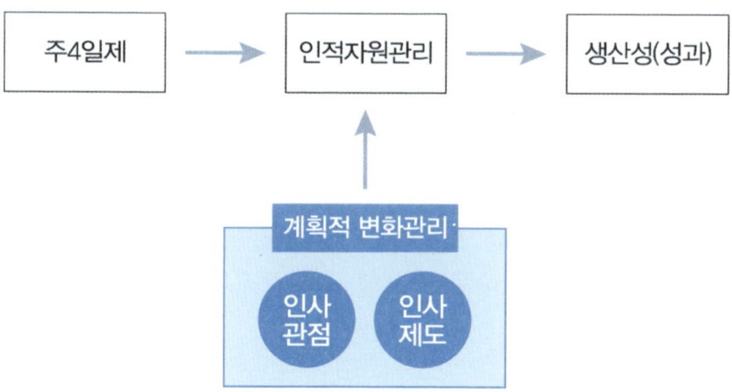

주4일제는 인적자원관리와 생산성을 연계해서 검토되어야 한다. 주4일제가 인적자원관리에 영향을 주고 결국 생산성을 결정하게 된다. 그러나 이 과정에서 중요한 변수가 바로 인사관점(HR perspective)과 인사제도

(HR practice) 측면의 계획적 변화관리(planned change)이다. 인사관점이란 조직이 어떤 관점으로 인사관리를 바라볼 것인가에 대한 것이다. 예들 들어 '사람을 통제해야 한다'라고 생각하는 기업이 있는 반면 '사람에게 자율성을 부여하는 것이 바람직하다'라고 보는 기업도 있다. 이와 같이 인사관리 관점은 매우 다양하게 나타난다. 인사제도란 우리가 상식적으로 알고 있는 MBO, BSC, 직무급, 성과급 등을 의미한다. 인사관점과 인사제도를 연계해서 바라보아야 하는 이유가 무엇일까? 바로 인사관점이 인사제도의 방향을 결정하기 때문이다. 즉, 기업은 인사제도를 설계하기 전에 인사관점에 대하여 깊이 있는 고민을 하여야 한다. 그리고 이러한 인사관점과 인사제도의 변화는 계획적 변화관리 관점에서 시행되어야 한다. 일시적으로 인사제도를 변화시키는 것은 거의 불가능하기 때문에 장기적인 변화를 계획해야 한다는 의미로 이해하면 될 것 같다. 주4일제 도입 시 어떠한 인사관점과 인사제도를 선택하는지에 따라 주4일제는 우리 조직에 '약'이 될 수도 있고 '독'이 될 수도 있다. 주4일제가 '약'이 되기 위해서 기업은 무엇을 준비해야 할까? 주4일제는 앞으로 큰 파도처럼 우리에게 다가올 가능성이 높다. 그러나 우리는 파도 속으로 들어가기보다 파도를 타는 것이 필요하다. 주4일제를 우리조직의 긍정적 변화의 계기로 삼아보자.

주요기업 근무시간 단축 사례

기업명	시행일자	주요 내용
CJ ENM	2022년 1월	• 주4.5일제 • 매주 금요일 업무시작 4시간 지나면 업무용 PC 종료
우아한형제들	2022년 1월	• 주32시간제 • 월요일 : 오후 4시간 근무(13시~17시) • 화요일~금요일 : 7시간 근무
hunet	2022년 1월	• 주4일제 • 지난해까지 주4.5일제 운영
에듀윌	2019년 6월	• 주4일제 • 각자 원하는 요일 골라서 휴무

※ 2022년 1월 10일, 중앙일보 기사 수정 인용

HR Insight 2021년 7월호 김복수 기고문 수정

리더를 위한 에피소드 노동법

노동법 좀 아는 리더!!!

III
임신·출산 등 Episode

#1. 임신근로자는 연장근로가 완전히 금지되나요,
아니면 본인이 동의하면 가능한가요?

#2. 임신한 근로자가 임신 초기 근로시간을
2시간 줄여달라고 합니다. 이를 허용해야 할까요?

#3. 아내의 출산으로 배우자 출산휴가를 10일 신청했습니다.
토요일과 일요일도 휴가기간에 포함되나요?

#4. 계약직 직원도 육아휴직을 신청할 수 있나요?

#5. 아내의 병간호를 위해 휴직할 수 있을까요?

#6. 자녀 입학식에 참여하는 경우
어떤 휴가를 이용할 수 있을까요?

#7. 건강이 안 좋은 경우 정직원을 파트타이머로
전환할 수 있나요?

Episode

#1

임신근로자는 연장근로가 완전히 금지되나요, 아니면 본인이 동의하면 가능한가요?

오늘 김 팀장은 조 과장과 둘이서 점심식사를 했다. 식사 중 조 과장이 머뭇거리더니 조용히 말을 꺼냈다.

"팀장님, 올봄에 결혼한 판촉 담당 이유미 씨가 임신을 했다고 하네요."

"와, 축하할 일이네요! 출산일은 언제라고 해요?"

그런데 조 과장이 묻는 말에는 대답하지 않고 어두운 표정으로 이렇게 말하는 것이다.

"팀장님, 임신근로자는 연장근로가 금지된다고 들었는데…. 앞으로 어떻게 하죠? 판촉업무는 세일 때마다 야근이 기본이잖아요."

"임신근로자 본인이 동의하면 상관없지 않나요?"

"팀장님, 제가 벌써 인사팀에 물어봤죠. 서 대리가 그러는데, 야근은 절대 금지랍니다."

김 팀장은 임신근로자를 보호해야 한다는 취지에는 적극 동의하지만, 임신근로자 본인이 원해도 야근을 하지 못한다는 것은 도무지 이해가 되지 않는다.

'왜 임신근로자는 야근을 하면 안 되는 것일까?'

임신근로자에 대해서는 매우 신중한 접근이 필요하다. 상식적으로 생각하는 것과 다른 점이 많기 때문이다. 그중 반드시 기억해야 할 사항은 바로 '임신근로자 연장근로 금지'이다. 리더들은 임신근로자에게 연장근로를 함부로 시킬 수는 없어도 본인의 동의를 받으면 가능할 것이라고 생각한다. 그러나 이것은 오해이다. 즉, 임신근로자의 경우 연장근로가 절대적으로 금지된다. 본인의 동의가 있을 경우에도 연장근로를 할 수 없다는 것이다. 근로기준법은 임신근로자의 건강보호를 위해서 근로계약에서 정한 근로시간만 일할 수 있도록 규정하고 있다.

이러한 조치가 너무 과도하다는 생각도 든다. 상식적으로 임신근로자 스스로 동의한 경우까지 연장근로를 금지하는 것은 임신근로자의 권리 침해가 아닌가 싶기 때문이다. 그러나 근로기준법에서는 임신근로자의 연장근로를 명확히 금지한다는 점을 기억해야 한다.

임신근로자 연장근로 금지와 관련해 실무적으로 한 가지 주의할 사항이 있다. 임신근로자를 보호하는 조치에 대해 임신근로자가 이의를 제기하는 경우가 발생할 수 있다는 점이다. 즉, 회사는 임신근로자를 보호하기 위해서 연장근로에서 제외하는 조치를 취했지만, 좀 더 많은 연장근로수당을 원하는 근로자의 경우 임신 때문에 불이익을 주는 것으로 오해하고 이의를 제기하는 것이다. 따라서 회사는 임신근로자에게 연장근로금지의 법적근거와 취지에 대해서 사전에 충분히 설명해야 한다.

또한 임신근로자의 연장근로와 관련해 자주 등장하는 법적 쟁점이 있다. 바로 임신사실의 인지시점과 관련한 사항이다. 임신초기에는 임신 사실을 알기 어렵기 때문에 과연 언제부터 임신근로자로 볼 것인가에 대한 문제가 발생한다. 이와 관련해 행정해석은 임신근로자 통보, 체형의 변화, 고충처리 등을 통해 임신근로자로 인지하는 것을 인정하고 있다. 즉, (1) 임신근로자가 직접 회사에 임신 사실을 이야기하는 경우 (2) 임신으로 인해 체형이 변화되는 경우 (3) 임신근로자가 임신에 따른 고충을 상담하는 경우 등을 임신인지 사유로 인정하고 있다는 점을 기억하자.

이제 에피소드로 돌아가 보자. 김 팀장은 이제 이유미 씨를 임신근로자로 인지하고 노동법상 보호조치를 취해야 한다. 즉, 연장근로가 빈번한 판촉담당일지라도 연장근로에서 제외시키는 조치를 취해야 한다. 임신근로자에 대한 노동법상 보호는 매우 신경쓰이고 까다로운 업무일 수 있다. 그러나 최근 모성보호가 회사 내 리더의 가장 핵심적인 업무로 인식되고 있다는 점에 주목한다면, 이 사안이 좀 더 의미있게 다가올 것이다.

여성근로자 근로시간

구분		법정기준근로시간		연장근로
		1일	1주	
여성	일반 근로자	8시간	40시간	당사자 합의 1주일 12시간 한도
	산후 1년이 경과되지 않은 근로자	8시간	40시간	단체협약이 있는 경우에도 1일 2시간 1주 6시간, 1년 150시간 초과 금지
	임신중인 근로자	8시간	40시간	불가

더 알아보기

≫ 근로기준법

제74조(임산부의 보호)

⑤ 사용자는 임신 중의 여성 근로자에게 시간외근로를 하게 하여서는 아니 되며, 그 근로자의 요구가 있는 경우에는 쉬운 종류의 근로로 전환하여야 한다.

≫ 행정해석(여원 68240-375, 2001.9.8.)

임신근로자 보호 시점 판단

사업주가 임신 중인 여성근로자를 시간외근로 대상에서 제외해야 하는 시기는 원칙적으로 임신사실이 있을 때부터일 것이나, 현실적으로는 사업주가 임신한 근로자의 통보, 체형의 변화, 고충처리중 인지 등 통상적인 방법으로 당해 근로자의 임신 사실을 알게 된 때부터 시간외근로를 시키지 않을 경우 법위반에 해당하지 않는 것으로 사료됨.

Episode
#2

임신한 근로자가 임신 초기 근로시간을 2시간 줄여달라고 합니다. 이를 허용해야 할까요?

김 팀장은 임신한 이유미 씨한테 계속 신경이 쓰인다. 무언가 문제제기를 할 것 같다는 느낌도 든다. 그런데 아니나 다를까. 이유미 씨가 갑자기 다음 주부터 근로시간을 줄여달라고 요청하는 것이 아닌가.

"팀장님, 제가 임신 8주인데 아직 안정기에 들어서기 전이어서요. 혹시 출근시간을 오전 11시로 조정해주실 수 있을까요? 노동법상 임신근로자의 경우 근무시간 2시간 단축이 가능하다고 들었거든요."

김 팀장은 조금 당황했지만 내색하지 않고 대답했다.

"임신 초기니 많이 힘들 것 같은데, 내용을 잘 몰라서 그러니 인사팀에 확인하고 얘기해줄게요."

서둘러 면담을 마무리 한 김 팀장은 혼자 생각에 잠겼다. 아무리 임신근로자라고 해도 근로시간을 2시간이나 줄여주는 게 이해가 되지 않는다. '이렇게 되면 이 업무는 앞으로 어떻게 하지? 그리고 단축된 2시간은 유급으로 처리해야 할까 무급으로 처리해야 할까?'

김 팀장은 자세히 알아보려고 스마트폰에 '임신근로자 근로시간'이라고 입력한다.

임신근로자에게 근로시간단축 청구권이 있다는 사실을 알고 있는가? 임신근로자는 법률에 의해 근로시간단축을 요청할 수 있다. 임신근로자의 경우 임신 후 12주 이내 또는 36주 이후 기간에 대하여 1일 2시간의 근로시간단축을 요청할 수 있다. 임신초기와 출산임박 시점에서 임신근로자를 더욱 보호하기 위한 취지이다. 임신초기의 경우 유산 등의 위험이 있으며 출산임박 시점에는 조산 등의 위험이 있기 때문에 근로시간단축을 허용하는 것이다. 다만, 1일 근로시간이 8시간 미만인 근로자의 경우 1일 6시간까지만 근로시간 단축을 허용하면 된다.

실무적으로 볼 때 임신근로자의 근로시간단축은 보통 출퇴근시간의 러시아워를 피하는 데 아주 유용하게 활용된다. 따라서 임신근로자의 근로시간단축은 출근시간을 늦추거나 퇴근시간을 앞당기는 방식으로 많이 사용되고 있다. 회사 입장에서는 근로시간단축에 따른 업무상 애로사항이 발생할 수 있기 때문에 업무조정 등의 조치가 병행될 필요가 있다.

또한 임신근로자의 단축된 근로시간은 유급으로 처리해야 한다. 즉, 이 경우 임금을 삭감할 수 없다는 뜻이다. 임신근로자의 근로시간단축은 직원 입장에서는 매우 큰 혜택이지만 회사 입장에서는 큰 부담으로 다가올 수 있다. 그러나 법에서 정한 임신근로자의 보호규정이기 때문에 고민하지 말고 준수하는 것이 필요하다.

이제 에피소드로 돌아가 보자. 김 팀장은 임신근로자 근로시간단축 신청 절차를 통해 이유미 씨의 근로시간을 단축하면 된다. 임신 12주 이내라면 근로시간단축을 허용할 것인지 말 것인지에 대해 고민할 필요가 없는 것이다. 김 팀장은 이제 다른 고민을 시작했다. 바로 '모성보호와 업무성과라는 두 마리 토끼를 어떻게 하면 함께 잡을 수 있을지'에 대한 것이다. 이를 고민하다보니 결국 '직무주의 인사관리가 그 해답이 되지 않을까' 하는 생각이 머리를 스쳤다.

임신근로자 근로시간단축 제도

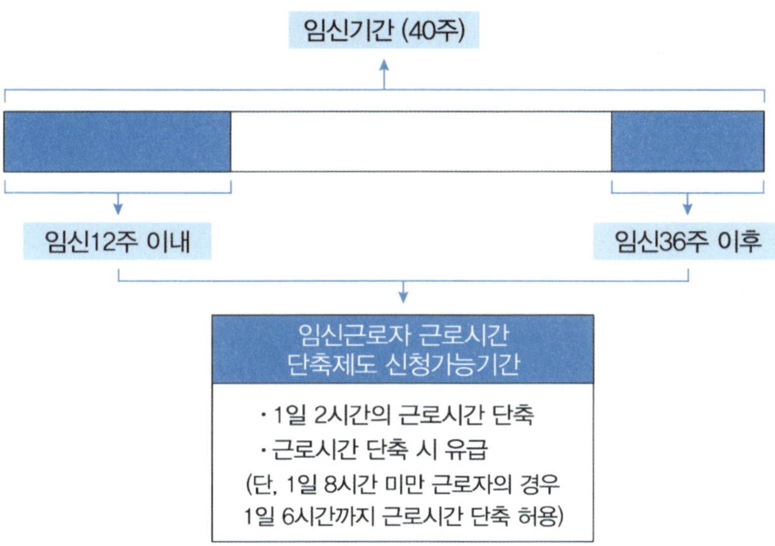

더 알아보기

근로기준법

제74조(임산부의 보호)

⑦ 사용자는 임신 후 12주 이내 또는 36주 이후에 있는 여성 근로자가 1일 2시간의 근로시간단축을 신청하는 경우 이를 허용하여야 한다. 다만, 1일 근로시간이 8시간 미만인 근로자에 대하여는 1일 근로시간이 6시간이 되도록 근로시간단축을 허용할 수 있다.

⑧ 사용자는 제7항에 따른 근로시간단축을 이유로 해당 근로자의 임금을 삭감하여서는 아니 된다.

Episode

#3

아내의 출산으로 배우자 출산휴가를 10일 신청했습니다. 토요일과 일요일도 휴가기간에 포함되나요?

이번 달에는 바겐세일이 예정되어 있다. 마케팅팀의 가장 큰 행사 중 하나이니만큼 눈코 뜰 새 없이 바쁜 한 달이 될 것으로 예상된다. 그런데 아침부터 김 팀장의 표정이 영 좋지 않다. 판촉담당 박진환 씨가 아내의 출산으로 인해 다음 주 월요일부터 10일간 배우자 출산휴가를 간다고 말한 것이다.

물론 아내가 출산했으니 휴가를 가는 것은 이해가 된다. 그런데 문제는 휴가기간이다. 박진환 씨는 다음 주 평일 5일과 그 다음 주 평일 5일, 총 10일을 배우자 출산휴가로 사용하겠다고 한다. 그것도 이렇게 가장 바쁜 시기에….

'아내가 출산했으니 휴가를 갈 수는 있지만, 왜 휴가를 열흘이나 줘야하고 또 토요일과 일요일을 빼고 딱 평일만 쳐서 휴가일수를 산정하는 걸까?'

김 팀장은 이해가 되지 않는다. 결국 오늘도 스마트폰에 물어보는 수밖에 없을 것 같다.

배우자 출산휴가가 10일이라는 것은 이제 대부분이 상식선에서 알고 있는 내용이다. 물론 아내가 출산하는데 왜 남편이 10일이나 쉬어야 하는지에 대해 여러 가지 의견이 있을 수 있다. 오래전, 아내가 출산할 때 눈치보면서 연차휴가를 냈던 리더들은 쉽게 이해하지 못하는 사항이기도 하다. 그러나 시대가 변했고 노동법도 따라 변했다. 그러므로 이에 적응할 필요가 있다. 배우자 출산휴가와 관련해서는 몇 가지 명확히 정리해볼 쟁점이 있다.

첫째, 배우자 출산휴가 기간에 휴일, 즉 토요일과 일요일이 포함되는지에 대한 문제이다. 직원은 당연히 휴가기간에 휴일이 포함되지 않는다고 생각하겠지만 회사는 배우자 출산휴가도 경조휴가이기 때문에 휴일을 포함해야 한다고 생각할 수 있다. 이러한 분쟁이 자주 발생하다 보니 고용노동부는 행정해석을 통해서 "휴일은 배우자 출산휴가 기간에 포함되지 않는다"라는 것을 명확히 했다.

둘째, 배우자 출산휴가의 유급처리 여부이다. 배우자 출산휴가는 10일 모두 유급이다. 다만 우선지원대상기업의 경우 고용보험을 통해 5일분에 대해 지원하고 있다는 점을 참고할 필요가 있다.

셋째, 배우자 출산휴가의 분할사용 문제이다. 배우자 출산휴가는 1회에 한해 나눠 사용할 수 있도록 규정하고 있다. 즉, 배우자 출산휴가 10일을 5일과 5일, 또는 3일과 7일 등 1회에 한해 분할 사용하는 것을 허용한다.

넷째, 배우자 출산휴가의 사용시점이다. 많은 리더들이 배우자 출산휴가는 배우자가 출산한 시점에 바로 사용해야 하는 것으로 생각하고 있다. 그러나 그렇지 않다. 배우자 출산휴가는 배우자 출산 후 90일 이내에 언제든지 자유롭게 사용할 수 있도록 규정되어 있다. 예를 들어, 아내 출산 시 장모님이 한 달간 산후조리를 해주시고 출산 후 한 달이 지난 시점에 남편이 배우자 출산휴가를 사용하는 것도 당연히 가능하다.

이제 에피소드로 돌아가 보자. 김 팀장은 마음이 조금 불편할지라도 판촉담당 박진환 씨에게 10일간의 배우자 출산휴가를 허용해야 한다. 그리고 휴일(토요일, 일요일)은 배우자 출산휴가 기간에 포함시키지 않아야 한다. 다만, 업무상 너무 바쁜 상황이라면 휴가시점에 대해 서로 논의하는 것은 가능할 것이다.

배우자 출산휴가의 변화

구분	개정 전	개정 후(2019.8.27. 개정)
사용기간	3~5일(유급 3일+무급 2일)	유급 10일
정부지원	없음	우선지원대상기업 근로자, 5일분, 통상임금 100% 지원
청구시기	출산한 날부터 30일 이내	출산한 날부터 90일 이내
분할사용	원칙적 불가(노사합의 시 가능)	1회 분할사용 허용

더 알아보기

남녀고용평등과 일 · 가정 양립 지원에 관한 법률

제18조의2(배우자 출산휴가)

① 사업주는 근로자가 배우자의 출산을 이유로 휴가(이하 "배우자 출산휴가"라 한다)를 청구하는 경우에 10일의 휴가를 주어야 한다. 이 경우 사용한 휴가기간은 유급으로 한다.

② 제1항 후단에도 불구하고 출산전후휴가급여등이 지급된 경우에는 그 금액의 한도에서 지급의 책임을 면한다.

③ 배우자 출산휴가는 근로자의 배우자가 출산한 날부터 90일이 지나면 청구할 수 없다.

④ 배우자 출산휴가는 1회에 한정하여 나누어 사용할 수 있다.

⑤ 사업주는 배우자 출산휴가를 이유로 근로자를 해고하거나 그 밖의 불리한 처우를 하여서는 아니 된다.

행정해석(여성고용정책과-843, 2019.6.14.)

배우자 출산휴가에 휴일 포함 여부

〈이전〉 배우자 출산휴가를 월력상의 일수로 계산(휴일 포함)

〈변경〉 배우자 출산휴가기간 중 근로제공 의무가 없는 날(휴일 등)이 포함된 경우에는 당해 휴가 일수에 산입하지 않음

Episode
#4

계약직 직원도 육아휴직을 신청할 수 있나요?

마케팅팀은 올해 초 계약직 직원을 한 명 채용했다. 예전에는 전단상품 촬영 직무를 한 명이 수행했는데, 판매 아이템이 너무 많아지면서 도저히 혼자 수행하기 어려운 상황이 되었다. 인사팀에 충원을 요청하니 정직원은 T/O가 없어서 어렵고 계약직은 가능하다고 했다. 그래서 '그렇다면 계약직이라도 채용해 달라'고 요청했고 노정희 씨가 1년 계약직으로 입사했다.

그런데 계약직 노정희 씨가 오늘 육아휴직을 신청한 것이다. 김 팀장은 잘 이해가 되지 않았다. '계약직 직원도 육아휴직을 갈 수 있나? 지금 정규직인 직원들도 바빠서 육아휴직을 미루고 있는데 계약직 직원이 육아휴직을 신청하다니…. 아니, 그건 그렇고 계약기간이 6개월밖에 안 남았는데 1년 육아휴직을 어떻게 가지?' 여러 가지 궁금증이 계속 생겨난다.

김 팀장은 스마트폰을 꺼내들고 '계약직 육아휴직'이라고 검색창에 입력했다. '계약직 직원도 육아휴직을 갈 수 있을까?'

계약직 직원은 육아휴직을 갈 수 없다고 생각하는 것은 아주 큰 오해이다. 리더들 중 일부는 '계약직은 계약기간이 짧기 때문에 육아휴직을 갈 수 없을 거야. 1년 계약직이 어떻게 1년 육아휴직을 가겠어?'라고 생각한다. 또는 정규직 전환과 연계해서 '계약직이 육아휴직을 가서 2년이 넘으면 정직원이 되는데 육아휴직을 가면 안되지'라고 생각하는 리더도 있다.

그런데 이러한 접근은 노동법의 개념을 잘못 이해한 것이다. 정직원에게 적용되는 노동법이 계약직에게 적용되지 않는 경우는 거의 없다고 보아도 좋다. 육아휴직은 육아를 위한 휴직이기 때문에 당연히 정직원과 계약직 모두에게 적용된다. 참고로 6개월 미만 근무자의 경우 회사의 육아휴직 허용 의무는 없다.

그럼 육아휴직과 관련한 몇 가지 궁금증을 정리해 보자.

첫째, 계약기간이 6개월밖에 남지 않은 계약직 직원이 육아휴직을 1년간 신청하는 경우이다. 이 경우 휴직이란 '근로계약을 전제로 발생'한다는 점을 기억하면 된다. 즉, 6개월이라는 잔여 계약기간에 대해서만 육아휴직을 승인하면 되는 것이다. 물론 1년간 육아휴직을 승인하는 것도 가능하지만 이런 경우 당연히 계약기간 연장을 전제로 하게 된다.

둘째, 육아휴직으로 인해 근로기간이 2년을 초과하는 경우이다. 계약직으로 1년 6개월 정도 근무한 시점에서 육아휴직을 신청하는 경우로 볼 수 있다. 계약직이 2년이 넘으면 정규직이 된다는 사실은 이제 상식이다. 이러한 경우 과거에는 정직원 전환의 부담 때문에 회사가 육아휴직을 기피하는 경우가 많았다. 만약 1년간 육아휴직을 주면 육아휴직 기간 중에 2년을 초과해서 정직원이 되기 때문이다. 이러한 문제를 해결하기 위해 육아휴직 기간은 정직원 전환을 판단하는 기간 2년에는 포함되지 않는 것으로 법이 바뀌었다. 예를 들어, 계약직 1년 6개월+육아휴직 1년+계약직 6개월=총 3년의 경우 정규직 전환 판단 시 육아휴직 기간을 제외한다는 것이다. 이 경우 근로기간은 결론적으로 2년을 초과하지 않은 것으로 본다.

이제 에피소드로 돌아가 보자. 김 팀장은 계약직 직원 노정희 씨의 육아휴직을 승인하고 휴직처리 절차를 밟으면 된다. 다만, 육아휴직을 잔여계약기간인 6개월만 허용할지, 아니면 계약을 연장하고 1년간 육아휴직을 허용할 것인지에 대해서는 인사팀과 협의해야 할 사항이다.

계약직 육아휴직에 대한 오해와 진실

구분	내용	오해/진실
계약직 육아휴직 가능 여부	• 계약직은 육아휴직을 갈 수 없다.	오해
	• 계약직 근로자도 6개월 이상 근속한 경우 육아휴직을 갈 수 있다.	진실
계약직 육아휴직 기간	• 육아휴직은 무조건 1년간 갈 수 있다.	오해
	• 계약직의 경우 계약기간 내에서 육아휴직이 허용된다.	진실
정규직 전환	• 정규직 전환 판단 시 육아휴직 기간이 포함된다.	오해
	• 육아휴직 기간은 정규직 전환 판단 시 제외된다.	진실
계약직 육아휴직 기간 퇴직금 적용	• 육아휴직 기간은 퇴직금 산정기준에서 제외된다.	오해
	• 퇴직금 산정 시 육아휴직 기간은 당연히 포함된다. ('계약직 2년+육아휴직 1년'의 경우 정규직으로 전환되지 않지만 3년에 해당하는 퇴직금을 받을 수 있다.)	진실
계약직 육아휴직 시 연차휴가	• 계약직이 육아휴직을 갈 경우 연차휴가가 감소한다.	오해
	• 육아휴직 기간은 출근한 것으로 간주하여 연차휴가를 부여한다.	진실

더 알아보기

» 남녀고용평등과 일 · 가정 양립 지원에 관한 법률

제19조(육아휴직)

② 육아휴직의 기간은 1년 이내로 한다.

⑤ 기간제근로자 또는 파견근로자의 육아휴직 기간은 「기간제 및 단시간근로자 보호 등에 관한 법률」 제4조에 따른 사용기간 또는 「파견근로자 보호 등에 관한 법률」 제6조에 따른 근로자파견기간에서 제외한다.

» 남녀고용평등과 일 · 가정 양립 지원에 관한 법률 시행령

제10조(육아휴직의 적용 제외)

법 제19조제1항 단서에서 "대통령령으로 정하는 경우"란 육아휴직을 시작하려는 날의 전날까지 해당 사업에서 계속 근로한 기간이 6개월 미만인 근로자가 신청한 경우를 말한다.

Episode
#5

아내의 병간호를 위해 휴직할 수 있을까요?

얼마 전, 김 팀장은 정 대리의 아내가 몸이 많이 안 좋다는 사실을 전해들었다. 당시에는 '별일 있겠어?'라며 무심코 지나쳤는데, 오늘 조 과장과 커피타임을 하며 들으니 정 대리의 아내 건강이 많이 악화된 것 같다. 이 때문에 정 대리가 휴직을 고민하고 있다는 이야기도 함께 전해 들었다. 김 팀장은 조 과장에게 물었다.

"아내가 몸이 아픈 경우 남편이 휴직을 할 수 있나요?"

"그럼요. 팀장님, 가족돌봄휴직 모르세요? 얼마전에 생겼잖아요. 이제 가족이 아파도 휴직이 가능해요"

"아~ 가족돌봄휴직이라는 것이 있었군요…."

마음이 복잡해진 김 팀장은 조 과장을 두고 먼저 휴게실을 나왔다. 미처 마시지 못한 커피를 한 모금 마시며 생각했다. '가족돌봄휴직은 참 괜찮은 제도네. 그런데 가족이 아플 때 휴직하는 건 좋지만 정 대리 업무는 누가 대신 하지?'

정 대리에 대한 측은한 마음과 업무 걱정이 함께 드는 아침이다.

이제 직장에서 "공(公)과 사(私)를 구분해라"라는 말을 하기 힘들 것 같다. 가족과 관련된 노동법 조문이 계속 생기고 있기 때문이다. 대표적인 것이 바로 가족돌봄휴직이다. 즉, 가족의 돌봄을 위한 휴직을 허용하는 제도이다. 불과 10년 전만 해도 직장 상사에게 가족에 관한 이야기를 하는 것은 매우 조심스러웠다. 공과 사를 구분하지 못하는 사람이라는 핀잔을 들을 수 있기 때문이다.

그런데 이제 사회가 변했다. 가족을 돌보기 위한 휴직을 법적으로 허용하는 시대가 된 것이다. 여기서 가족이란 조부모, 부모, 배우자, 배우자의 부모, 자녀 또는 손자녀를 의미한다. 즉, 할아버지, 할머니, 아버지, 어머니, 배우자, 장인(시아버지), 장모(시어머니), 자녀 등이 대상이 된다.

그렇다면 가족돌봄휴직사유는 어떻게 될까? 바로 질병, 사고, 노령이다. 즉, 아픈 경우, 사고가 난 경우, 연세가 많은 경우이다. 그렇다면 여기서 궁금한 점이 생길 것이다. 질병, 사고, 노령의 구체적인 기준이 있는지에 대한 의문이다. 놀랍게도 구체적인 기준이 없다. 다시 말해, 질병, 사고, 노령이 매우 폭넓게 인정된다고 봐야 한다.

그리고 가족돌봄휴직은 연간 90일이 가능하다. 연간 90일이라는 것은 매년 90일간 휴직을 할 수 있다는 뜻이다. 육아휴직의 경우 1자녀에 1년만 가능하다는 것과 비교된다. 물론 가족돌봄휴직은 무급이며 아직 고용보험 지원제도가 없기 때문에 직원이 경제적인 부담을 모두 감수해야 한다. 그러나 최근 일과 가정의 조화에 대해 공감대가 확산되는 추세임을 볼 때, 임금 대신 가족돌봄휴직을 이용하는 직원은 지속적으로 늘어날 것으로 보인다.

이제 에피소드로 돌아가 보자. 정 대리는 아마 조만간 가족돌봄휴직을 사용할 것 같다. 그렇다면 최대 3개월간의 업무공백을 어떻게 해결할지는 고스란히 김 팀장 몫으로 남는다. 정 대리가 하고 있는 판촉 업무는 금방 배울 수 있는 업무가 아니어서, 3개월만 단기적으로 인력 충원을 요청하는 것도 해결방안은 아닐 것 같다. 김 팀장은 이제 인력 운영을 어떻게 해야 하나 고민이 쌓여간다.

가족돌봄휴직·휴가 적용 시 가족의 범위

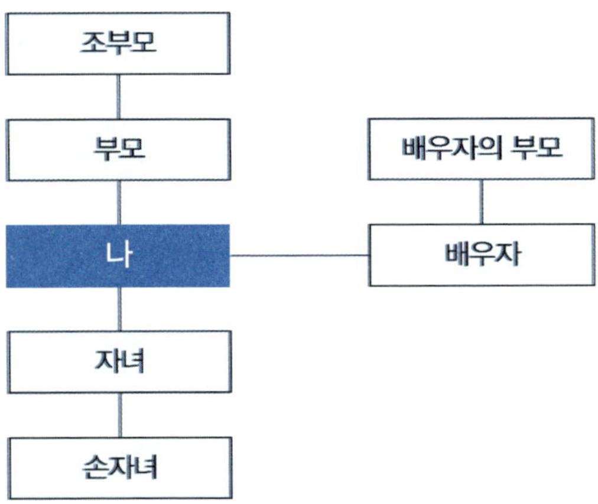

가족돌봄휴직

구분	주요내용	비고
개요	가족을 돌볼 필요가 있는 경우에 근로자가 휴직을 신청할 수 있는 제도	
가족의 범위	조부모, 부모, 배우자의 부모, 배우자, 자녀, 손자녀	
사유	질병, 사고, 노령	구체적 기준 없음
기간	연간 최대 90일 (1회 사용 시 최소 30일 이상 사용)	매년 사용 가능함
임금지급	무급	고용보험지원제도 없음
기타	가족돌봄휴직 기간은 근속기간에 포함	

더 알아보기

» 남녀고용평등과 일 · 가정 양립 지원에 관한 법률

제22조의2(근로자의 가족 돌봄 등을 위한 지원)

① 사업주는 근로자가 조부모, 부모, 배우자, 배우자의 부모, 자녀 또는 손자녀(이하 "가족"이라 한다)의 질병, 사고, 노령으로 인하여 그 가족을 돌보기 위한 휴직(이하 "가족돌봄휴직"이라 한다)을 신청하는 경우 이를 허용하여야 한다.

④ 가족돌봄휴직 및 가족돌봄휴가의 사용기간과 분할횟수 등은 다음 각 호에 따른다.

1. 가족돌봄휴직 기간은 연간 최장 90일로 하며, 이를 나누어 사용할 수 있을 것. 이 경우 나누어 사용하는 1회의 기간은 30일 이상이 되어야 한다.

Episode
#6

자녀 입학식에 참여하는 경우 어떤 휴가를 이용할 수 있을까요?

김 팀장은 오늘 주간회의 시간에 자신도 모르게 언성을 높이고 말았다. 노정희 씨가 자녀 유치원 입학식 때문에 수요일에 휴가를 낸다는 말에 그만 감정이 폭발한 것이다. 최근 직원들의 개인 사정으로 업무에 지장이 생긴다고 느끼고 있는데, 바겐세일 준비로 가장 바쁜 이번 주에 매우 당연한 권리처럼 휴가를 신청하니 화가 치밀어 오른 것이다.

김 팀장은 원래 화를 낼 생각이 없었다. "노정희 씨, 수요일에 꼭 쉬어야 되나요?"라고 물었고, 노정희 씨는 "첫 아이 유치원 입학이어서 꼭 가보고 싶습니다, 팀장님"이라고 대답했다. 여기까지는 큰 문제가 없었다.

그런데 노정희 씨가 "저는 법에 있는 가족돌봄휴가를 신청하는 것인데, 무슨 문제가 있나요?"라고 되묻는 바람에 화가 난 것이다. 김 팀장은 "뭐라고요? 가족돌봄휴가, 그게 뭔데요? 그럼 회사가 직원의 모든 가정사에 휴가를 줘야 한다는 겁니까? 나참!" 이렇게 큰 소리를 치고 만 것이다.

김 팀장은 조용히 생각해 본다. '이제 직원의 가정사와 업무를 어떻게 조화롭게 바라보아야 할까?'

이번에는 가족돌봄휴가에 대한 내용이다. 가족돌봄휴직은 앞서 살펴보았는데, 그와 비슷한 가족돌봄휴가가 있다. 본래 둘 중 가족돌봄휴직이 먼저 만들어졌다. 그런데 가족돌봄휴직은 큰 단점을 가지고 있었다. 바로 사용기간이 최소 30일 이상이라는 것이다. 예를 들어, 어머니가 맹장수술로 병원에 입원한 경우를 생각해보자. 보통 입원기간이 3~4일 정도이기 때문에 일주일 정도 휴직이면 충분하다. 그런데 가족돌봄휴직은 최소 사용기간이 30일 이상이다 보니, 이를 사용하기가 쉽지 않았다.

이러한 문제 제기에서 가족돌봄휴가가 탄생하게 된 것이다. 따라서 가족돌봄휴가의 가장 큰 특징은 1일 단위로 사용이 가능하다는 것이다. 참고로 가족돌봄휴가 기간은 가족돌봄휴직 기간에 포함된다는 점을 기억할 필요가 있다. 즉, 가족돌봄휴직 90일에 추가적으로 가족돌봄휴가 10일이 부여되는 것이 아니라, 총 90일의 한도 내에서 가족돌봄휴가가 부여되는 것이다.

또한 사용 사유에도 차이가 있다. 가족돌봄휴직의 경우 질병, 사고, 노령의 사유로 휴직을 신청할 수 있다. 그러나 가족돌봄휴가는 기존 사유에 자녀양육이 추가되었다. 즉, 자녀 건강 문제, 자녀 학교행사 참석 등의 사유로 휴가를 사용할 수 있게 된 것이다. 이러한 자녀양육 사유 추가는 일과 가정의 조화의 중요성이 높아지는 사회적 변화 추세를 반영한 것으로 볼 수 있다.

이제 에피소드로 돌아가 보자. 김 팀장은 노정희 씨의 가족돌봄휴가에 대해 쿨하게 받아들이는 것이 좋을 것 같다. 자녀양육은 가족돌봄휴가 사유에 해당하기 때문이다. 이제 휴가를 가고 안 가는 문제에 신경쓸 것이 아니라, 휴가를 가면서 업무를 어떻게 제대로 처리할 것이지 묻는 것이 필요할 듯하다. 그리고 이렇게 생각해보자. '나는 리더 역할을 하기 힘들지만, 우리 아이들은 좀 더 나은 환경에서 일하게 되었구나.' 이렇게 생각하면 기분이 썩 나쁘지는 않을 것 같다.

가족돌봄휴가

구분	주요내용	비고
개요	가족을 긴급하게 돌볼 필요가 있는 경우에 근로자가 휴가를 신청할 수 있는 제도	
가족의 범위	조부모, 부모, 배우자의 부모, 배우자, 자녀, 손자녀	
사유	질병, 사고, 노령, 자녀양육	구체적 기준 없음
기간	연간 최대 10일 (1일 단위로 사용 가능) ※ 가족돌봄휴가 기간은 가족돌봄휴직 기간에 포함됨	매년 사용 가능함
임금지급	무급	고용보험지원제도 없음

가족돌봄휴직 vs. 가족돌봄휴가

구분	가족돌봄휴직	가족돌봄휴가
개요	가족을 돌볼 필요가 있는 경우에 근로자가 휴직을 신청할 수 있는 제도	가족을 긴급하게 돌볼 필요가 있는 경우에 근로자가 휴가를 신청할 수 있는 제도
가족의 범위	조부모, 부모, 배우자의 부모, 배우자, 자녀, 손자녀	조부모, 부모, 배우자의 부모, 배우자, 자녀, 손자녀
사유	질병, 사고, 노령	질병, 사고, 노령, 자녀양육
기간	연간 최대 90일 (1회 사용시 최소 30일 이상 사용)	연간 최대 10일 (1일 단위로 사용 가능) ※ 가족돌봄휴가 기간은 가족돌봄휴직 기간에 포함됨
임금지급	무급	무급

더 알아보기

» 남녀고용평등과 일 · 가정 양립 지원에 관한 법률

제22조의2(근로자의 가족 돌봄 등을 위한 지원)

② 사업주는 근로자가 가족(조부모 또는 손자녀의 경우 근로자 본인 외에도 직계비속 또는 직계존속이 있는 등 대통령령으로 정하는 경우는 제외한다)의 질병, 사고, 노령 또는 자녀의 양육으로 인하여 긴급하게 그 가족을 돌보기 위한 휴가(이하 "가족돌봄휴가"라 한다)를 신청하는 경우 이를 허용하여야 한다.

Episode
#7

건강이 안 좋은 경우 정직원이 파트타이머로 전환할 수 있나요?

김 팀장은 아침에 총무팀 허 과장에게 연락했다가 같은 팀 오 대리에게 황당한 이야기를 들었다. 허 과장이 파트타이머로 전환해서 오후에 출근한다는 것이다.

"오 대리 허 과장 좀 부탁해요"

"아 팀장님 허 과장님 이번 달부터 파트타이머로 전환해서 오후에 출근하시는데요"

"파트타이머? 허 과장은 정직원인데 왜 파트타이머로 전환을 해요?"

"허 과장님이 계속 디스크로 고생했잖아요. 더 이상 오래 앉아 있기가 어려워서 오후 4시간만 근무하기로 했습니다. 이번에 법이 바뀌어서 가능하다고 하더라고요"

김 팀장은 전화를 끊고 한참 동안 허공을 멍하니 바라보았다. '이제 직원이 몸이 아프면 파트타이머로 전환할 수 있는 시대가 되었구나. 우리 팀 박 대리도 무릎이 안 좋아서 병원에 다니는 것으로 알고 있는데, 파트타이머로 전환을 신청할 수 있다는 말이네. 이것 참……'

팀장의 역할 중 가장 중요한 것이 인사관리라는 말이 실감나는 아침이다.

많은 리더들이 상기 에피소드를 보고 황당하게 생각했을 것이다. 그렇지 않았다면 노동법 지식 수준이 꽤 높은 리더라고 보면 된다. 이제 개인적인 사유로 하루 종일 일하는 것이 어려운 상황일 때, 최대 3년간 파트타이머로 일할 수 있게 되었다. 즉, 정직원과 파트타이머를 오가며 근무할 수 있다는 뜻이다. 물론 파트타이머로 변경된 기간 동안의 임금은 시간에 비례해서 줄어들게 된다. 이를 '가족돌봄 등을 위한 근로시간단축제도'라고 한다.

과거 직장의 모습을 떠올려보자. 직원이 몸이 안 좋은 경우 어떻게 했는가? 먼저 본인의 연차를 사용한다. 그리고 회복이 안 되는 경우 병가를 사용했다. 병가는 보통 20~30일 정도 회사의 규정에 의해서 부여된다. 병가 이후에도 건강에 문제가 계속되면 청원휴직을 사용한다. 청원휴직은 보통 6개월~1년 정도가 일반적이다. 이정도 휴식을 했음에도 불구하고 건강 문제가 해결되지 않은 경우에는 퇴직을 고민하는 것이 보통의 모습이었다.

그런데 이제는 상황이 바뀌었다. 직원은 자신의 건강 문제로 인해 사직을 고민하는 것이 아니라 근로시간단축을 요청할 수 있는 것이다. 직원 입장에서는 매우 획기적이고 좋은 제도이다. 반대로 인사관리를 하는 리더 입장에서는 매우 복잡한 이슈가 발생하게 된다.

근로시간단축제도의 주요 내용을 살펴보자. 첫째, 신청사유이다. 가족돌봄, 본인의 질병・사고, 은퇴준비(55세 이상), 학업을 위한 경우에 근로시간단축을 신청할 수 있다. 둘째, 신청기간이다. 신청기간은 원칙적으로 1년이다. 그러나 추가로 2년 범위 내에서 연장이 가능하다. 즉, 총 3년간 근로시간단축을 할 수 있다. 다만, 학업의 경우에는 연장이 불가하다. 셋째, 단축시간이다. 근로시간단축 후 근로시간은 주당 15시간 이상, 30시간 이하여야 한다. 마지막으로, 근로시간단축청구권은 2020년 1월 1일부터 300인 이상 사업장과 공공기관을 대상으로 시행한 후 단계적으로 확대 시행된다는 점도 기억하자.

이제 에피소드로 돌아가 보자. 김 팀장은 이제 직원 중 누구든지 근로시간단축을 신청할 수 있다고 생각하고 대비해야 한다. 그렇다면 이제부터라도 일관리를 좀 더 체계적으로 할 수 있는 방안을 고민해야 한다. 김 팀장은 이렇게 외치고 싶을 것 같다. "누구 팀장 대신해줄 사람 없나요?"

근로시간 단축 제도

구분	주요내용	비고
개요	근로자가 가족돌봄, 본인 건강, 은퇴, 학업 등의 사유로 근로시간을 단축할 수 있는 제도	
사유	① 가족돌봄, ② 본인 질병·사고, ③ 은퇴준비, ④ 학업기간	은퇴는 55세 이상의 경우
기간	1년 (추가로 2년 범위 안에서 연장 가능)	학업의 경우 1년만 근로시간 단축 허용(연장 없음)

시행 시기	- 상시 300인 이상 사업 또는 사업장, 공공기관 등(2020.1.1. 시행) - 상시 30인 이상 300인 미만 사업 또는 사업장(2021.1.1. 시행) - 상시 30인 미만 사업 또는 사업장(2022.1.1. 시행)	

더 알아보기

» 남녀고용평등과 일 · 가정 양립 지원에 관한 법률

제22조의3(가족돌봄 등을 위한 근로시간단축)

① 사업주는 근로자가 다음 각 호의 어느 하나에 해당하는 사유로 근로시간의 단축을 신청하는 경우에 이를 허용하여야 한다. 다만, 대체인력 채용이 불가능한 경우, 정상적인 사업 운영에 중대한 지장을 초래하는 경우 등 대통령령으로 정하는 경우에는 그러하지 아니하다.

1. 근로자가 가족의 질병, 사고, 노령으로 인하여 그 가족을 돌보기 위한 경우
2. 근로자 자신의 질병이나 사고로 인한 부상 등의 사유로 자신의 건강을 돌보기 위한 경우
3. 55세 이상의 근로자가 은퇴를 준비하기 위한 경우
4. 근로자의 학업을 위한 경우

③ 사업주가 제1항에 따라 해당 근로자에게 근로시간단축을 허용하는 경우 단축 후 근로시간은 주당 15시간 이상이어야 하고 30시간을 넘어서는 아니 된다.

④ 근로시간단축의 기간은 1년 이내로 한다. 다만, 제1항제1호부터 제3호까지의 어느 하나에 해당하는 근로자는 합리적 이유가 있는 경우에 추가로 2년의 범위 안에서 근로시간단축의 기간을 연장할 수 있다.

새로운 읽을거리

성과책임(accountability)이란 무엇인가?

인사관리에서 가장 중요한 개념은 무엇일까요? 직무, 성과, 역량 등 많은 단어가 떠오르실 거라고 생각됩니다. 저는 성과책임(accountability)이라고 말씀드리고 싶습니다. 성과책임, 조금은 낯선 느낌의 단어입니다. 그렇다면 성과책임이 왜 중요할까요? 성과책임에 대해서 청소업무를 통해서 설명해 보겠습니다.

강의실을 머릿속에 떠올려 보세요. 강의가 끝나게 되면 미화직원이 강의실을 청소합니다. 강의실을 청소하다보면 책상, 걸상이 놓여있기 때문에 청소하기가 쉽지 않습니다. 이러한 상황 속에서도 성실하게 꼼꼼히 청소를 하시는 분이 계십니다. 그분과 대화를 나누어 보겠습니다.

"안녕하세요?"

"네, 안녕하세요"

"한 가지 여쭤봐도 될까요? 무슨 일을 하시나요?"

"네 저는 청소하는 사람입니다."

"네 그러시군요, 한 가지만 더 여쭤보겠습니다. 그 청소는 왜 하시나요?"

(잠깐의 침묵의 시간이 흐름)

"청소를 왜 하냐고요?, 깨끗하게 하려고 하지요"

이 대화 속에는 인사관리의 정말 중요한 개념이 녹아있습니다. 바로 성과책임입니다. 강의실을 깨끗하게 만드는 것이 강의실 청소의 성과책임인 것입니다. 성과책임이란 "해당 업무가 성과를 창출할 책임"을 말합니다. 성과책임을 도출하기 위해서는 "무슨 일을 하세요?"라고 질문하기보다 "그 일을 왜하세요?"라고 질문하는 것이 필요합니다.

성과책임
(accountability)

해당 업무가 성과를 창출할 책임

- 성과책임은 "해당 업무를 수행하는 이유"라고 생각하면 쉽게 이해할 수 있음.
- 성과책임을 도출하기 위해서는 "무슨 일을 하세요?"라고 질문하기보다 "그 일을 왜 하세요?"라고 질문하는 것이 필요함.

다시 한번 정리해 보겠습니다. 업무와 성과책임을 구분하는 것이 중요합니다. 강의실 청소는 업무입니다. 강의실을 깨끗하게 하는 것이 성과책임입니다. 업무와 성과책임 혼동될 경우에는 이런 문장을 한번 만들어 보면 도움이 됩니다.

"나는 ____________________ 위해 일한다."

한번 빈칸에 업무를 넣어 보겠습니다. “나는 강의를 청소를 위해 일한다.” 문장이 자연스럽지 않습니다. “나는 강의실을 깨끗하게 하기 위해 일한다.” 문장이 자연스럽습니다. 성과책임은 업무 목적의 성격을 갖기 때문에 “나는 ________________ 위해 일한다.”는 문장이 성립하면 성과책임일 가능성이 높습니다.

성과책임과 업무가 혼돈될 경우

나는 [ ] **위해 일한다**

문장이 성립하면 성과책임일 가능성이 매우 높음.

리더를 크게 두 가지 스타일로 구분해 볼 수 있습니다.

첫 번째 업무를 강조하는 리더입니다. “○○○씨 강의실 청소 다 했나요?”라고 묻습니다. 업무가 수행되었는지 여부를 확인합니다. 업무를 수행했으나 강의실이 깨끗하지 못한 경우가 종종 발생합니다.

두 번째 성과책임을 강조하는 리더입니다. “○○○씨 강의실 깨끗한가요?” 성과책임이 달성되었는가를 확인합니다. 만약 성과책임이 달성되지 못했다면 어떻게 성과책임을 달성할지에 대해서 함께 고민하고 방안을 찾습니다.

여러분은 어떤 리더이신가요? 업무를 묻는 리더인가요? 아니면 성과책임을 묻는 리더인가요?

한번 깊이 생각해 볼 문제입니다.

리더를 위한 에피소드 노동법

노동법 좀 아는 리더!!!

리더를 위한 에피소드 노동법

노동법 좀 아는 리더!!!

Ⅳ 연봉 Episode

#1. 임금, 통상임금, 평균임금, 보수, 근로소득…
뭐가 이렇게 복잡한가요?

#2. 고정OT와 포괄임금은 같은 건가요?
다른 건가요?

#3. 파트타이머도 연장근로가산수당이 있나요?

#4. 일이 없어서 아르바이트생을 일찍 퇴근시켜도
휴업수당을 줘야 하나요?

#5. 연봉이 3천만 원인데 왜 최저임금 위반에 해당하나요?

Episode
#1

임금, 통상임금, 평균임금, 보수, 근로소득… 뭐가 이렇게 복잡한가요?

김 팀장은 팀장이 된 후 TV나 신문에서 노동법 관련 뉴스가 나오면 눈여겨보는 습관이 생겼다. 오늘 저녁 9시 뉴스에는 "○○자동차의 정기상여금이 통상임금에 포함되고 이에 따라 평균임금도 증가하여 퇴직금도 상승하는 결과가 나왔습니다."라는 뉴스가 나왔다.

김 팀장은 귀를 쫑긋 세우고 내용을 유심히 들었지만 내용이 정확히 이해가 되지 않았다. '정기상여금이 통상임금에 포함된다는 건 무슨 뜻이지? 그리고 평균임금이 증가하면 어떤 원리로 퇴직금이 상승하는 걸까? 내일 출근하면 직원들이 삼삼오오 모여서 ○○자동차 이야기를 할 것 같아서 내용을 좀 정확히 알고 싶은데….' 김 팀장은 혹시나 직원들이 질문했는데 대답을 하지 못할까봐 마음이 조급해졌다.

'특히 임금, 평균임금, 통상임금, 근로소득, 보수 등 임금 관련 용어는 들어도 뭔지 잘 모르겠다. 다 비슷해 보이는데, 무슨 용어가 이렇게 복잡할까?'

임금 관련 용어들을 들으면 참 헷갈린다. 임금, 통상임금, 평균임금, 근로소득, 보수 등 너무나 다양한 용어가 사용되기 때문이다. 보상을 제대로 이해하기 위해서는 먼저 임금 관련 용어를 잘 정리해서 이해하는 것이 필요하다. 이렇게 복잡한 임금 관련 용어들은 우리가 어렸을 때 수학 시간에 배운 벤다이어그램으로 표현해보면 이해가 조금 수월하다.

임금의 다양한 개념(통상임금 vs. 평균임금 vs. 임금 vs. 근로소득 vs. 보수)

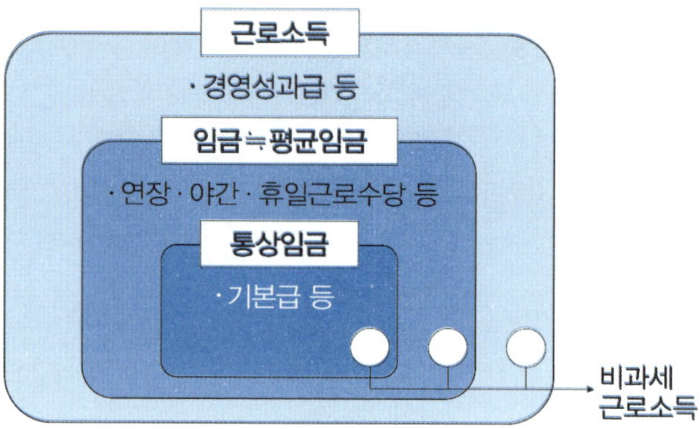

※ 보수=근로소득-비과세 근로소득

첫째, 통상임금이다. 벤다이어그램에서 가장 작은 원을 말한다. 통상임금은 사전적(事前的)임금의 개념이다. 즉, '얼마를 받고 일하기로 했는가'이다. 대표선수 하나만 기억하자. 바로 기본급이다. 기본급 없이 근무하기로 하는 사람은 아마 없을 것이다.

둘째, 평균임금이다. 벤다이어그램에서 중간 원을 말한다. 평균임금은 사후적(事後的) 임금의 개념이다. 즉, '받아보니 얼마인가'이다. 대표선수 하나만 기억하자. 바로 연장·휴일·야간근로수당이다. 사전에 계약하지는 않았지만 업무가 많으면 연장근로 등을 하게 된다.

셋째, 임금이다. 평균임금과 임금의 구성항목은 사실상 동일하다. 그러나 평균임금은 일 평균임금의 개념이고 임금은 시급, 일급, 월급, 연봉 등 다양한 개념이 존재할 수 있다.

넷째, 근로소득이다. 벤다이어그램에서 가장 큰 원이다. 연말에 경영성과급을 받은 경우를 가정해보자. 경영성과급은 임금으로 보지는 않지만 근로소득세는 납부해야 한다. 즉, 근로소득은 근로소득세를 납부하는 기준금액을 말한다.

마지막으로, 보수이다. 혹시 보수총액신고라고 들어보았는가? 매년 고용보험료와 산재보험료 산정하기 위해서 신고하는 절차를 말한다. 고용보험과 산재보험은 보수를 기준으로 보험료가 결정된다. 보수란 근로소득에서 비과세 근로소득을 뺀 금액을 말한다.

지금까지 임금의 다양한 개념을 그림을 통해 살펴보았다. 이제 이 그림을 머릿속에 떠올리며 다음 페이지의 '더 알아보기'의 내용을 읽어보자. 훨씬 이해가 쉬울 것이다.

이제 에피소드로 돌아가 보자. 김 팀장이 뉴스를 볼 때 임금 관련 용어들의 개념이 헷갈리는 것은 매우 당연하다. 이제 벤다이어그램으로 용어의 개념을 잘 정리해놨으니, 김 팀장이 뉴스를 다시 들어보면 무슨 이야기인지 감이 좀 잡히지 않을까 싶다.

더 알아보기

통상임금

"통상임금"이란 근로자에게 정기적이고 일률적으로 소정(所定)근로 또는 총 근로에 대하여 지급하기로 정한 시간급 금액, 일급 금액, 주급 금액, 월급 금액 또는 도급 금액을 말한다(근로기준법 시행령 제6조 제1항).

평균임금

"평균임금"이란 이를 산정하여야 할 사유가 발생한 날 이전 3개월 동안에 그 근로자에게 지급된 임금의 총액을 그 기간의 총일수로 나눈 금액을 말한다. 근로자가 취업한 후 3개월 미만인 경우도 이에 준한다(근로기준법 제2조 제6호).

임금

"임금"이란 사용자가 근로의 대가로 근로자에게 임금, 봉급, 그 밖에 어떠한 명칭으로든지 지급하는 일체의 금품을 말한다(근로기준법 제2조 제5호).

근로소득

「소득세법」 제20조 제1항 소정의 근로소득은 지급형태나 명칭을 불문하고 성질상 근로의 제공과 대가관계에 있는 일체의 경제적 이익을 포함할 뿐만 아니라, 직접적인 근로의 대가 외에도 근로를 전제로 그와 밀접히 관련되어 근로조건의 내용을 이루고 있는 급여도 포함된다(대법원 2007.10.25. 선고, 2007두1415 판결).

보수

보수란 「소득세법」 제20조에 따른 근로소득에서 비과세 근로소득을 뺀 금액을 말한다(고용보험 및 산업재해보상보험의 보험료징수 등에 관한 법률 제2조 제3호).

Episode
#2

고정OT와 포괄임금은 같은 건가요? 다른 건가요?

김 팀장은 오랜만에 영업팀 강 팀장에게 소주나 한잔 하자고 전화를 했다. 강 팀장은 입사동기지만 김 팀장보다 3년이나 먼저 팀장이 됐고 조직에서도 인정받는 팀장 중 한명이다. 김 팀장은 소주 한잔 하면서 자신이 겪고 있는 조직관리상 애로사항에 대해서 물어볼 생각이었다. 이런 저런 이야기를 나누던 중 김 팀장은 연장근로수당에 대해 슬며시 물었다.

"강 팀장, 우리 팀에 연장근로가 좀 많잖아. 물론 매월 20시간의 고정OT를 주긴 하는데 바겐세일이 있는 달에는 이걸 훨씬 넘어서거든. 나중에 문제되지 않을까?"

그러자 강 팀장이 대답했다.

"김 팀장, 무슨 그런 고민을 해? 우리가 주는 고정OT면 다 해결되는 거야. 포괄임금제도라고 못 들어봤어? 우리는 포괄임금이기 때문에 일을 아무리 더 시켜도 추가로 수당을 안 줘도 된다고. 이제 공장 얘기는 그만하고 술이나 먹자. 자 한잔해."

김 팀장은 강 팀장의 대답을 듣고 마음이 조금 편해지기는 했지만 여전히 불안한 마음이다. 고정적으로 수당을 좀 준다고 해서 무한대로 일을 시킬 수 있다니… 솔직히 이해가 안된다. '고정OT와 포괄임금은 같은 건가? 다른 건가?'

임금에서 매우 중요한 이슈 중 하나가 고정OT제도와 포괄임금제도를 구분하는 것이다. 많은 기업에서 사무직 근로자를 대상으로 고정OT제도를 운영하고 있다. 고정OT제도란 '매월 일정액의 연장근로수당 등을 고정적으로 지급하는 제도'를 말한다. 연장근로 시 매번 체크할 필요도 없고 급여도 높아 보이는 효과가 있기 때문에 많은 기업에서 활용하고 있다.

그런데 고정OT제도를 오해하면 큰 문제가 발생하기도 한다. 고정OT제도는 연장근로 등이 발생할 경우 지급된 OT수당에 한하여 지급 책임을 면하는 제도이다. 따라서 고정OT수당을 초과하는 추가적 근로에 대해 수당을 지급하지 않아도 된다고 생각하는 것은 큰 오해이다. 이러한 오해는 고정OT와 포괄임금제도의 혼돈에서 시작된다. 포괄임금제도란 급여에 연장근로수당 등이 모두 포함된 것으로 보는 제도를 말한다. 즉, 포괄임금제도는 추가적인 근로에 대해서 수당을 지급하지 않아도 되는 제도이다.

그렇다면 포괄임금제도는 어떤 경우에 적용하려 생겼을까? 예를 들어, 고속버스 기사가 되기 위해 면접을 보러 갔다고 가정해보자. 인사담당이 근로조건에 대해 이렇게 설명할 것이다. "아시다시피 고속버스는 길이 막히는 날도 있고 뻥뻥 뚫리는 날도 있습니다. 명절 때는 얼마나 걸릴지 예상이 안 되지요. 그래서 저희는 연장근로를 매번 계산하지 않고 매월 20시간의 연장근로수당을 고정적으로 지급하려 합니다. 이렇게 해도 괜찮으시죠?" "네 좋습니다. 그렇게 하시죠" 고속버스 기사의 직무특성상 근로시간을 산정하기 어렵기 때문에 이와 같은 포괄임금 계약은 적법한 계약으로 인정되는 것이다.

그렇다면 사무직도 이러한 포괄임금제도 적용이 가능할까? 사무직은 근로시간 산정이 가능하기 때문에 포괄임금계약 자체가 불가능하다. 즉, 고정OT제도만이 가능한 것이다.

이제 에피소드로 돌아가 보자. 고정OT제도와 포괄임금제도는 서로 다른 제도이다. 김 팀장의 회사는 고정OT제도를 운영하고 있다. 따라서 고정OT수당을 초과한 근로에 대해 추가적인 수당을 지급해야 한다. 강 팀장은 먼저 팀장이 됐지만 지금까지 고정OT제도를 포괄임금제도로 오해하고 있었던 것이다.

고정OT제도 vs. 포괄임금제도

구분	고정OT제도	포괄임금제도
개념	매월 일정액을 연장·야간·휴일근로수당으로 지급하는 제도	급여에 연장·야간·휴일근로수당 등이 포괄적으로 모두 포함된 것으로 보는 제도
요건	요건 제한 없음	근로시간 산정이 어려운 경우에 한함
대상 직무	직무제한 없음 (사무직 근로자 가능)	고속버스기사, 염전회사 현업 종업원, 청원경찰, 경비원 등(사무직 근로자 불가함)
적용점	고정OT수당을 초과하는 근로에 대하여 추가수당 지급 의무 있음	추가적인 수당지급 의무 없음

더 알아보기

행정해석(근기 1455-3876, 1982.2.10.)

고정OT에 대한 판단

근로기준법 제46조의 규정에 의한 연장, 휴일근로수당은 실제로 제공한 근로시간에 따라 지급하는 것이 원칙이나 노사 간의 합의로 통상적인 기준을 설정하여 정액으로 지급하는 경우도 있는 것임. 그러나 위의 경우에 있어서 월정액 수당이 실제 제공된 근로시간에 따른 법정수당을 초과한 경우에는 무방하다 할 것이나 이에 부족한 경우에는 그 차액을 지급하여야 하는 것임.

Episode
#3

파트타이머도 연장근로가산수당이 있나요?

10월은 정말 중요한 한 달이 될 것 같다. 봄부터 준비한 영페스티벌 프로모션이 있는 달이기 때문이다. 매출만 제대로 나와주면 올해 인사평가 때 S평가를 기대해 볼만 하다. 김 팀장은 영페스티벌 준비를 하면서 행사기간인 1달 동안 행사지원으로 1일 6시간 파트타이머 1명과 일8시간 종일근무자 1명, 총 2명의 알바를 채용했다. 행사가 한창 진행 중인데 생각보다 반응이 너무 좋다. 매출도 계획대비 120%를 육박하고 있다. 당연히 고객관련 업무가 증가해서 6시간 파트타이머에게 2시간 연장근로를 시킬 예정이다.

그래서 먼저 인사팀 서 대리에게 현재 상황을 설명했다. 그런데 이게 무슨 일인가?

"팀장님, 단시간사원에게 연장근로 2시간을 시키면 3시간의 임금을 주어야 합니다. 가급적 연장근로를 안 시키는 방향으로 해 주세요"라고 서 대리가 말하는 것이다.

김 팀장은 이해가 되지 않아 "1일 6시간에 2시간을 추가해도 8시간을 넘지 않는데 왜 가산수당을 주어야 하나요?"라고 되물었다.

그러자 서 대리는 이번에도 역시 "법이 그렇게 되어 있습니다. 팀장님"라고만 이야기한다.

'파트타이머의 경우 연장근로수당 지급기준이 어떻게 될까?'

연장근로 시 가산수당을 받는다는 것은 이제 많은 사람들이 상식적으로 잘 알고 있다. 퇴근 후 2시간을 야근하면 3시간분의 임금을 받는 것은 이제 당연해 보인다. 그런데 파트타이머의 경우는 좀 헷갈린다. 원래 근로시간이 짧기 때문에 연장근로를 해도 8시간을 초과하지 않는 경우가 생기기 때문이다. 즉, 상기 사례처럼 1일 6시간을 근로하는 파트타이머가 2시간 연장근로를 해도 일 8시간밖에 되지 않는다.

이런 경우 가산수당을 주지 않아도 될 것 같다는 생각이 든다. 가산수당을 주면 근로자는 총 8시간 근로에 대해 9시간의 임금을 받게 되므로, 이게 오히려 더 이상하기 때문이다. 즉, 기본임금(6시간)+연장수당(2시간)+연장가산수당(1시간)을 받게 되어 8시간 종일근로자보다 임금이 많아지기 때문에 형평에 맞지 않다는 생각이 드는 것이다.

그러나 결론적으로 말하자면 파트타이머의 경우 계약근로시간('소정근로시간'이라 함)을 초과하는 연장근로에 대해 가산수당을 지급해야 한다. 즉, 상기 사례의 경우 총 8시간 근로에 대해 9시간의 임금을 지급해야 하는 것이다. 파트타이머는 짧은 근로시간을 희망하는 근로자이기 때문에 연장근로를 가급적 억제하기 위한 취지의 제도로 이해하면 좋을 것 같다.

그런데 사실 다른 이유가 한 가지 더 있다. 과거에는 파트타이머의 경우 1일 8시간 이내의 근로에 대해서는 가산수당을 지급하지 않아도 문제가 없었다. 그러나 일부 기업들이 퇴직금, 주휴수당, 연차휴가 지급을 회피할 목적으로 계약근로시간을 매우 짧게 계약하고 추가적으로 연장근로를 시키는 관행이 있었다(참고로 1주 15시간 미만 근로자의 경우 퇴직금, 주휴수당, 연차휴가를 주지 않아도 된다). 그리고 이러한 잘못된 관행이 노사갈등으로 확대되었고, 이에 따라 법률을 개정하게 된 것이다. 이러한 비하인드 스토리도 함께 알고 있으면 이해에 도움이 될 것 같다.

이제 에피소드로 돌아가 보자. 김 팀장은 이제 파트타이머의 근로시간이 계약근로시간을 초과하면 가산수당을 지급해야 한다는 사실을 이해했다. 그렇다면 다음 행사부터는 인건비 관리를 위해 파트타이머의 계약근로시간의 적정성에 대해 좀 더 고민해야 할 것이다. 다시 말해, 계약근로시간을 일단 짧게 정하고 일이 많으면 연장근로를 시키는 계획은 좀 더 신중하게 검토해야 한다.

더 알아보기

» 기간제 및 단시간근로자 보호 등에 관한 법률

제6조(단시간근로자의 초과근로 제한)

① 사용자는 단시간근로자에 대하여 「근로기준법」 제2조의 소정근로시간을 초과하여 근로하게 하는 경우에는 해당 근로자의 동의를 얻어야 한다. 이 경우 1주간에 12시간을 초과하여 근로하게 할 수 없다.

③ 사용자는 제1항에 따른 초과근로에 대하여 통상임금의 100분의 50 이상을 가산하여 지급하여야 한다.

Episode
#4

일이 없어서 아르바이트생을 일찍 퇴근시켜도 휴업수당을 줘야 하나요?

영페스티벌을 야심차게 시작했는데 갑자기 복병이 생겼다. 바로 장마다. 이번 주에는 매일 폭우 수준으로 비가 내리고 있다. 영페스티벌 첫 주에 계획 대비 120%에 육박하던 매출도 곤두박칠치고 있다. 오늘도 고객 수가 목표 대비 절반 수준이다. 행사지원 인력으로 채용한 알바생은 일이 없어서 하루 종일 스마트폰만 보고 있다.

김 팀장은 답답한 마음에 조 과장을 불렀다.

"조 과장, 오늘도 고객이 거의 없을 것 같아요. 아르바이트생을 일찍 퇴근시키면 좋겠는데. 오늘 8시간 일하기로 했는데 4시간만 일하면 일당은 절반만 주면 되겠지요?"

"네, 아르바이트생은 일찍 퇴근시키시죠. 그런데 아마도 휴업수당으로 70%를 줘야 할 겁니다. 지난 행사에서도 비슷한 일이 있었는데 아르바이트생이 노동부에 진정을 했거든요."

김 팀장은 일찍 퇴근한 시간에 대해 왜 임금을 줘야 하는지 이해가 되지 않는다. 그리고 '무슨 휴업수당이야. 우리는 휴업한 게 아닌데….' 또 다시 노동법이 싫어지는 하루다.

휴업수당은 인사팀과 리더에게 매우 어려운 개념이다. 휴업이라고 하면 회사가 문을 닫거나 아니면 일시적으로 경영활동을 정지하는 것을 떠올리게 된다. 그러나 노동법에서 말하는 휴업은 좀 더 넓은 개념으로 이해해야 한다. 노동법상 휴업이란 '회사 측 사정으로 근로계약상의 근로를 제공하지 못하는 상태'를 의미한다. 즉, 회사가 문을 닫지 않더라도 회사 측 사정으로 근로자가 일을 못하게 되는 경우를 휴업이라고 한다.

예를 들어보자. 한 패밀리 레스토랑이 있다. 홀서빙 직원 10명, 주방 직원 5명이 일하고 있다. 모두 출근해서 열심히 저녁 영업을 준비하고 있는데 갑자기 폭설이 내렸다. 예약은 대부분 취소되었고 손님 수가 매우 적을 것으로 예상되었다. 패밀리 레스토랑 점장은 퇴근이 밤 10시로 예정되어 있는 홀서빙 직원들을 오후 5시에 퇴근시켰다. 바로 이러한 경우가 휴업에 해당하는 것이다.

패밀리 레스토랑은 문을 닫지 않았다. 하지만 홀서빙 직원의 입장에서는 일을 하고 싶지만 일할 수 없는 상태가 되었다. 휴업의 개념은 이와 같이 우리가 상식적으로 생각하는 것보다 넓다. 휴업의 경우 근로기준법에서는 평균임금의 70%를 지급하도록 규정하고 있다. 따라서 5시간을 일찍 귀가시켰다면 5시간에 대한 평균임금의 70%를 휴업수당으로 지급해야 한다.

이제 에피소드로 돌아가 보자. 김 팀장은 아르바이트생을 일찍 귀가하도록 할 수는 있다. 그러나 조기퇴근 시간에 대하여 70%의 휴업수당을 지급해야 한다. 소정근로시간보다 조기퇴근시키는 것은 노동법상 휴업에 해당하기 때문이다. 이럴 바에는 아르바이트를 일찍 귀가시키지 않고 다른 일을 시키는 방안도 고민할 필요가 있다. 휴업의 경우에는 '무노동 무임금'이 적용되지 않는다는 점을 기억하자.

더 알아보기

근로기준법

제46조(휴업수당)

① 사용자의 귀책사유로 휴업하는 경우에 사용자는 휴업기간 동안 그 근로자에게 평균임금의 100분의 70 이상의 수당을 지급하여야 한다.

Episode
#5

연봉이 3천만 원인데 왜 최저임금 위반에 해당하나요?

김 팀장은 저녁에 오랜만에 대학친구 성남이를 만났다. 대학 때 리더십도 있고 성격도 좋아서 친구들 사이에 인기 있던 녀석이었다. 성남이는 그 좋은 S그룹을 그만두고 지금은 중소기업의 경영지원 본부장으로 근무 중이다. 김 팀장과 일 얘기를 하던 중, 성남이는 오늘 노동부에 최저임금 위반으로 출석했다면서 씩씩거렸다. 진정한 직원의 연봉이 3천만 원이라고 했다. 김 팀장은 이해가 되지 않았다.

"성남아, 왜 연봉 3천만 원을 주는데도 최저임금 위반이 돼?"

"보너스가 600%인데 보너스는 최저임금 판단 시 제외된다네. 나 참, 너무 황당하고 억울해서 오늘 술 좀 마셔야겠다. 철수야, 너 팀장이지? 너도 조심해."

김 팀장은 팀원들의 연봉 수준을 머릿속에 떠올리며 혹시 최저임금 위반에 걸리는 사람이 있을까 생각해봤다. '지금 신입사원 연봉이 3천만 원인데 우리는 상여가 400%잖아. 내일 정확히 확인해봐야겠다.'

연봉 3천만 원을 받아도 왜 최저임금 위반이 되는지 그 정확한 이유가 궁금해지는 하루다.

최근 기업에서 최저임금 위반 문제가 많이 발생하고 있다. 여러 가지 이유가 있겠지만 최저임금 수준이 상당히 올랐다는 점도 한 가지 이유가 될 것 같다. 2022년 기준으로 최저임금은 시간당 9,160원이다. 월급 기준(월 209시간 기준)으로 1,914,440원, 연봉 기준으로 22,973,280원이다. 과거에 비하면 꽤 오른 것은 분명하다.

이렇게 최저임금이 오르다보니 과거의 임금체계를 유지하는 기업은 여러 가지 문제에 부딪히게 된다. 대표적인 것이 보너스라고 불리는 상여금이다. 우리나라 기업은 대부분 상여금 제도를 가지고 있다. 대기업은 600~1000% 수준, 중소기업은 200~400% 수준 정도로 생각된다. 그런데 중요한 점은 매월 지급하지 않는 상여금은 최저임금 산정 시 포함되지 않는다는 것이다. 즉, 상여금을 제외하고 최저임금 이상을 지급해야 한다.

예를 들어보자. 신입사원 A의 연봉은 30,600,000원이고, 상여금이 600%이다. 즉, 2달에 한 번씩 기본급 100%를 보너스로 받는 것으로 표현할 수 있다.

최저임금 판단

기본연봉	상여금(짝수월 지급)	총연봉
20,400,000원	10,200,000원	30,600,000
1,700,000×12개월	1,700,000×600%	기본연봉+상여금
최저임금 포함	최저임금 미포함	

분명히 연봉은 30,600,000원이다. 총액 기준으로 보면 최저임금 문제는 없을 것처럼 보인다. 그러나 이는 최저임금 위반이 된다. 상여금을 제외하고 계산하면 시급이 8,133원(1,700,000원÷209시간)밖에 안 되기 때문이다. 최저임금에는 매월 1회 이상 정기적으로 지급하는 임금만이 포함된다. 즉, 최저임금은 총액 기준으로 판단되는 것이 아니다.

이제 에피소드로 돌아가 보자. 친구 성남이의 회사는 총액 기준으로는 충분한 임금을 지급했다. 그러나 노동법상으로 최저임금 위반에 해당하게 된다. 억울하지만 이제부터라도 임금체계를 바꿔서 최저임금 문제를 해결해야 한다.

더 알아보기

» 최저임금법

제6조(최저임금의 효력)

① 사용자는 최저임금의 적용을 받는 근로자에게 최저임금액 이상의 임금을 지급하여야 한다.

④ 제1항과 제3항에 따른 임금에는 매월 1회 이상 정기적으로 지급하는 임금을 산입(算入)한다.

새로운 읽을거리

말도 많고 탈도 많은 인사평가, 도대체 왜 하는 걸까요?

인사평가! 인사평가라는 단어를 들었을 때 어떤 생각이 드나요? 먼저 긍정적인 느낌은 별로 들지 않네요? '나를 왜 평가해? 누가 나를 평가해? 나를 알아?' 등등 평가는 부정적인 이미지의 단어임에 틀림없는 것 같습니다. 그런데 우리는 왜 이런 인사평가를 계속하고 있을까요? 무엇인가 좋은 점이 있어서는 아닐까요? 한번 깊이 생각 해 볼 문제입니다.

어렸을 때 기억으로 한번 돌아가 보겠습니다. 중학교 때 쪽지시험을 보는 과목이 있었는데요. 수학과목이었던 것 같습니다. 그리고 쪽지시험 점수가 낮으면 손바닥을 맞았지요(ㅎㅎ). 물론 지금은 그런 선생님이 안계시겠지만…… 수학시간이 정말 싫었지만 쪽지시험 때문에 억지로 공부를 했던 기억이 나네요. 지금 생각해 보면 그 쪽지시험이 없었더라면 지금의 수학실력을 갖기 어려웠을 것 같습니다. 어른이 돼서도 유용하게 사용하고 있는 방정식, 부등식을 확실히 알게 해 주신 쪽지 시험 선생님께 감사한 마음이 드네요. 저는 왜 쪽지시험 이야기를 하고 있나요? 평가도 마찬가지인 것 같습니다. 평가가 부정적으로 느껴지는 것은 어쩔 수 없겠지만 쪽지시험처럼 평가의 유익함도 있지 않을까요? 만약 평가가 전혀 유익한 점이 없다면 인사관리에서 사라지지 않았을까요?

인사관리의 대가인 커크패트릭(Donald L. Kirkpatrick) 등 인사평가 전문가들은 인사평가를 하는 이유는 결국 두 가지로 귀결된다고 이야기합니다. 첫 번째는 '일을 좀 더 잘하기 위해서'이고 두 번째는 '열심히 한 사람을 인정해 주기 위해서'입니다. 그리고 이 두 가지 이유 중 '일을 좀 더 잘하기 위해서'가 인사평가의 궁극적인 목적이라는 점도 강조합니다. 그럼 이제 인사평가를 하는 두 가지 이유에 대해서 살펴볼까요?

첫 번째 '일 좀 더 잘해보자'에 대해서 이야기해 보겠습니다. 혹시 누구를 가르쳐 보신 적이 있으신가요? 공부도 좋고 운동도 좋습니다, 여러분이 누군가에게 테니스를 가르친다고 예를 들어 보겠습니다. 포핸드 스트로크, 백핸드 스트로크 등 다양한 테니스 기술을 알려줍니다. 그런데 초보자가 제대로 치나요? 아니죠. 잘 못할 겁니다. 그러면 '팔을 쭉 뻗어라, 공을 끝까지 보아라' 등 여러 가지 이야기를 해 주게 되겠지요. 이것이 바로 평가 아닌가요? 결국 평가는 다른 사람이 무엇인가를 좀 더 잘하도록 돕는 것입니다.

두 번째 '열심히 한 사람을 인정해 주자'에 대해서 이야기 해 보죠. 여러분은 지금까지 살아오면서 언제 기쁘셨나요? 여행갔을 때, 결혼했을 때, 내가 사고 싶은 물건을 샀을 때, 승진했을 때 등 기쁜 기억들이 많으시죠?

그 중 내가 인정받았을 때를 한번 생각해 보지죠. 열심히 일 했는데 동료나 팀장이 "참 고생 많았어요" 하고 한마디 해 줄 때 너무 기쁘죠, 그리면 힘들고 고생스러웠던 기억이 보람으로 바뀌는 신기한 현상을 경험하게 됩니다. 평가는 상대방을 인정해 주는 것입니다. 인정을 통해서 우리는 힘을 얻고 서로의 관계는 더 좋아지게 되지요. 즉, 평가는 열심히 일한 사람에게 '고생했다'라고 인정해 주는 것입니다.

그리고 한 가지 더 강조하고 싶은 것은 하는 것은 '열심히 한 사람을 인정해 주는 것'이 먼저라는 점입니다. 나아가 '일을 좀 더 잘하는 것'과 '열심히 한 사람을 인정하는 것'은 서로 순환관계에 있다는 점입니다. 즉 열심히 한 사람을 인정해 주니 더 하고 싶은 마음이 생기고 일을 더 잘하게 됩니다. 그리고 일을 더 잘했으니 또 다시 인정하게 되는 것이지요. 참으로 간단한 이야기이지만 우리에게 여러 가지 생각을 하게 하는 것 같습니다.

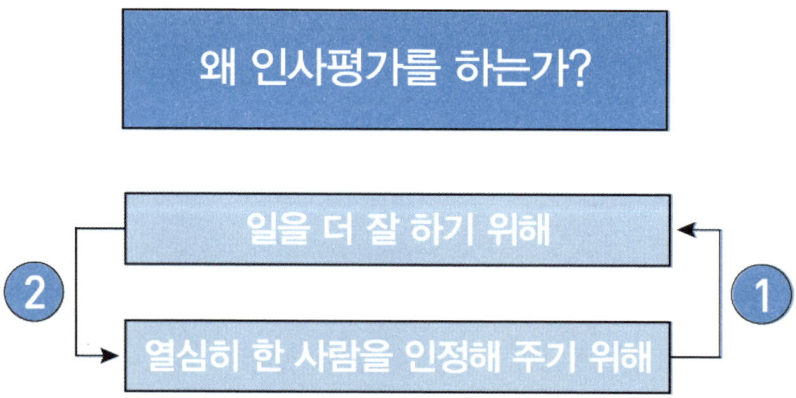

지금까지 기업의 인사평가는 좀 오해가 많았던 것 같습니다. 많은 기업은 평가를 통해서 직원들을 통제하려고 합니다. 그러나 통제를 위한 평가는 서로에게 아무런 도움도 되지 못하고 서로를 불편하게만 합니다. 이제 평가에 대한 관점을 바꿔 보면 어떨까요? 평가는 '일을 좀 더 잘하기 위해서 한다' 그리고 '열심히 한 사람을 인정해 주기 위해서 한다'라고요. 물론 쉽지 않은 이야기이지요. 그러나 한번 도전해 보셨으면 좋겠네요.

리더를 위한 에피소드 노동법

노동법 좀 아는 리더!!!

V

인사평가 Episode

#1. 인사평가 결과에 대해서 소송을 제기할 수 있나요?

#2. 인사평가의 법률적 정당성은 어떻게 판단되나요?

#3. 인사평가의 법적 문제점을 해소하려면 어떻게 해야 할까요?

#4. 협력사 직원에 대해 인사평가를 할 수 있을까요?

Episode
#1

인사평가 결과에 대해서 소송을 제기할 수 있나요?

김 팀장은 오늘 아침 휴게실에서 영업팀 강 팀장과 커피를 마시다 황당한 이야기를 들었다. 고객서비스팀 황 팀장이 회사에 소송을 제기했다는 것이다.

"김 팀장, 얘기 들었어? 고객서비스팀 황 팀장이 지난달 회사에 소송을 냈다고 하네."

"무슨 소송?"

"작년부터 저성과자프로그램이라고 하는 PIP 시작했잖아. 그런데 황 팀장이 올해도 인사평가가 D가 나와서 감봉이 됐나봐. 그런데 인사평가가 부당하다고 소송을 제기했대."

"그래? 인사평가에 대해서 소송을 제기했다고? 인사평가는 인사권 아닌가? 인사평가에 대해서 소송을 할 수 있대?"

"글쎄, 결과를 기다려봐야지."

김 팀장은 인사평가를 가지고 소송이 가능하다는 말을 듣고 여러 가지 생각이 들었다. 팀장이 되기 전까지는 인사평가에 관해 그다지 신경을 쓸 필요가 없었는데, 인사평가와 관련해 소송이 가능하다면 팀장으로서 더 이상 남의 얘기가 아니기 때문이다.

'그렇다면 내가 준 인사평가에 대해서 팀원들도 소송을 제기할 수 있다는 말인가? 작년에 박 대리가 맘에 안들어서 D를 줬는데…'

'과연 인사평가에 대해서도 소송제기가 가능한가?'

인사평가도 소송의 대상이 될 수 있을까? 많은 리더들이 인사평가는 인사권이기 때문에 평가자의 재량권이 인정되어 소송의 대상이 되지 않는 것으로 생각한다. 그러나 이것은 오해이다. 벌써 오래전부터 인사평가는 소송으로 이어져왔다. 이렇게 생각하면 이해가 쉬울 것 같다. 인사평가가 시행되고 인사평가 결과가 도출된다. 그리고 인사평가 결과에 근거하여 전보, 감봉, 해고 등 인사조치가 이뤄진다. 이 경우 당연히 근로자는 인사조치의 정당성에 대해서 문제를 제기할 수 있다. 그러면 법원은 인사조치의 근거가 되는 인사평가가 정당하게 이뤄졌는지 판단하게 되는 것이다.

대법원은 "근로자의 근무 실적이나 업무 능력 등을 중심으로 객관적이고 공정한 평정이 이루어지도록 노력하여야 하고 그것이 불순한 동기로 남용되어서는 아니 된다."라고 판시(대법원 2011.4.14. 선고, 2007두1729 판결)하면서 인사평가의 공정성이 법원의 판단 대상임을 명확히 하고 있다. 만약 인사평가가 공정하지 않다고 판단될 경우 해당 인사평가에 근거해 이뤄진 인사조치는 무효가 되는 것이다.

최근 대기업을 중심으로 PIP(Performance Improvement Program) 등 저성과자관리 프로그램이 시행되고 있다. 이러한 프로그램은 인사평가를 기준으로 저성과자를 선발하고 이들의 능력을 향상시키기 위해 운영된다. 이때 상당 기간 저성과가 지속되면 해당 직원의 감봉, 해고 등 징계 조치를 취하는 경우도 발생한다. 이 경우 해당 직원은 인사조치에 대해 소송을 제기할 수 있으며, 법원은 해당 조치의 근거가 되는 인사평가의 정당성에 대해서 판단하게 되는 것이다.

이제 에피소드로 돌아가 보자. 오늘 김 팀장은 "인사평가도 법원의 판단의 대상이 된다."라는 새로운 사실을 알게 되었다. 이제 김 팀장은 인사평가를 어떻게 해야 법적 정당성을 확보할 수 있는지에 대해 알아봐야 할 듯하다.

더 알아보기

» 판례

이 사건 심사가 객관적이고 정확한 자료를 토대로 이루어졌는지 의문이고, 이 사건 심사항목 중 일부는 평가자의 자의적 평가가 개입될 여지가 있어 그 객관성 및 공정성이 결여되었다고 볼 수 있으며, 일부 심사항목은 심사 대상자 전원에 대하여 일률적으로 적용되지 아니하여 불공평한 결과가 초래되었다고 할 것이다. 이와 같이 공정성 및 객관성이 결여된 심사 과정을 거쳐 원고들에 대하여 갱신 기준점수 미만이라는 점을 들어 이 사건 갱신 거절을 한 것은 정당성을 결여했다고 할 것이므로, 이 사건 갱신거절은 그 효력을 인정할 수 없다(대법원 2011. 4.14. 선고, 2007두1729 판결).

» 판례

사용자의 인사고과가 헌법, 근로기준법 등에 위반되거나 객관적이고 공정한 평정의 기준을 현저하게 위반하여 정당한 인사권의 범위를 벗어난 때에는 인사고과의 평가 결과는 사법심사의 대상이 되어 그 효력을 부인할 수 있다(대법원 2015.6.24. 선고, 2013다22195 판결).

Episode
#2

인사평가의 법률적 정당성은 어떻게 판단되나요?

인사평가도 소송의 대상이 될 수 있다는 것을 안 후부터 김 팀장은 인사평가가 계속 신경쓰인다. 이제 10월이니 곧 연말 인사평가를 해야 하는데, 혹시나 법적 분쟁이 생기지 않을까 걱정이다. 올해도 역시 상대평가로 점수를 매기면 박 대리에게 D를 줘야 하는 상황이다. 박 대리가 팀원들 중 평가 점수가 꼴찌인 것은 분명하지만 '꼴찌가 반드시 일을 아주 못했다고는 볼 수 없다.'라는 생각도 든다.

더불어 회사에 평가등급에 대한 피드백이 없는 점도 불안하다. 직원들은 자신의 평가등급도 모른 채 그냥 일하고 있는 것이다.

'이런 상황에서 박 대리가 평가결과에 대해 소송을 제기하면 과연 회사가 이길 수 있을까? 결과에 따른 모든 책임은 결국 팀장인 내가 져야 할 텐데….'

그렇다고 인사평가를 안 할 수도 없는 노릇이라 김 팀장은 마음이 답답하기만 하다.

'과연 인사평가의 법적 정당성은 어떻게 판단될까?'

인사평가가 법원의 판단 대상이 된다는 점을 이전 에피소드에서 살펴보았다. 그렇다면 법원은 어떤 기준으로 인사평가의 정당성을 판단할까? 인사평가의 정당성은 크게 평가구조 측면, 평가절차 측면, 평가운영 측면을 통해서 결정된다.

첫째, 평가구조 측면의 정당성 판단요소이다. 평가구조 측면이란 '인사평가의 구조가 합리적으로 설계되었는가'에 대한 것이다. 세부적으로 절대평가 시행, 다면평가 시행, 평가항목의 합리성 등이 포함된다. 인사평가 시 상대평가에 비해 절대평가의 정당성이 높게 인정된다. 상대평가는 해당 직원이 업무 성과는 팀에서 꼴찌라도 절대적으로 봤을 때는 성과가 높은 경우가 발생하기 때문에 법적 정당성 측면에서는 취약하다. 그리고 다면평가의 경우 동료 등 다수의 평가자가 평가하기 때문에 법적 정당성이 높게 인정된다. 또한 업무의 특성을 반영하여 평가항목을 설계하는 경우 정당성이 높아진다. 관리직, 영업직, 연구직, 생산직의 업무의 특성이 상이하기 때문에 평가항목을 다르게 반영하는 것이 바람직하다고 볼 수 있다.

둘째, 평가절차 측면의 정당성 판단요소이다. 평가절차 측면에는 본인평가 절차, 평가피드백 절차, 이의제기 절차 등이 포함된다. 본인평가란 자기 스스로 업무성과에 대해 평가하는 것이고, 평가 피드백 절차란 평가 결과를 본인에게 통보해주는 것을 의미한다. 이의제기 절차란 자신의 평가결과에 대해서 공식적으로 재검토를 요구하는 절차를 말한다. 이러한 평가절차는 평가결과가 왜곡되는 것을 방지하는 효과가 있기 때문에 평가의 정당성 판단에 긍정적인 영향을 주게 된다.

셋째, 평가운영 측면의 정당성 판단요소이다. 평가운영 측면이란 평가절차 준수, 평가적용의 일률성, 평가제도 변경 시 공개시점 등이 포함된다. 먼저 설계된 평가절차를 준수하는 것이 중요하다. 또한 평가 시행과정에서 일부 평가절차를 생략하거나 임의로 변경하는 경우는 법률적 정당성을 저하시키게 된다. 그리고 평가적용은 일률적으로 적용해야 한다. 예를 들어, 노동조합원 혹은 여성 등에게 불리하게 평가제도를 운영해서는 안 된다.

마지막으로, 평가제도 변경 시 공개시점이다. 일부 기업들은 연말에 당해연도 평가제도를 소급해서 변경하는 경우가 있다. 이러한 평가제도 변경은 매우 위험한 방식이다. 반드시 직원들에게 변경된 평가제도를 공지한 후 평가를 시행하는 것이 필요하다.

지금까지 평가제도의 법률적 정당성 요소를 살펴보았다. 평가제도의 법적 정당성 판단은 한두 가지 요소가 아니라 평가제도 전체를 종합적으로 고려해 이뤄진다. 따라서 일부 요소를 갖추지 못하고 있다고 하더라도, 전체적으로 법적 안정을 갖추고 있다면 법적 정당성을 인정받을 수 있다는 점도 기억할 필요가 있다.

이제 에피소드로 돌아가 보자. 이제 김 팀장은 평가제도 전반에 대한 법적 검토를 해야 할 것이다. 만약 전체적으로 볼 때 평가의 공정성에 문제가 있다고 판단되면, 평가결과에 대한 소송제기에 대비해 준비하는 것이 필요하다. 물론 평가제도에 대한 소송은 해당 팀장이 아니라 인사팀이 주관하게 된다는 점도 기억하면 좋을 듯하다.

법률적 정당성을 확보하기 위한 평가제도 설계 요소

평가구조 측면	평가절차 측면	평가운영 측면
절대 평가	본인 평가 절차	평가절차 준수
다면 평가	평가결과 피드백 절차	평가적용의 일률성
평가항목의 합리성	이의제기 절차	평가제도 변경 시 공개시점

더 알아보기

판례

평가구조 측면의 법률적 정당성 요소 - 상대평가 vs. 절대평가

참가인이 4회 연속 최하위 등급의 인사고과를 받았다는 사정만으로는 참가인의 근무성적이 사회통념상 고용관계를 유지할 수 없을 정도로 객관적으로 불량한 정도에 이르렀다고 보여지지는 않으므로 원고 회사가 이를 이유로 참가인을 징계면직한 것은 사용자의 인사권을 남용하여 가혹한 처분이라 할 것이므로 이 사건 해고를 부당해고로 인정한 이 사건 재심판정은 적법하다(서울행법 2006.1.27. 선고, 2005구합23879 판결).

» 판례

평가절차 측면의 법률적 정당성 요소 - 평가결과 피드백 절차

참가인이 담당했던 인사보조업무는 비교적 단순하고 정형적인 업무였다 할 것인데 이미 수년간 같은 업무를 수행하여 왔음에도 불구하고 동일한 유형의 실수를 반복했다는 점, 이러한 이유로 매년 인사고과에서 업무수행능력 및 지식을 향상시키라는 지시를 받았음에도 개선되지 아니하고 오히려 인사고과결과가 지속적으로 저하하고 있다는 점에서 (중략) 해고한 것이 지나치게 가혹하여 징계양정권을 일탈, 남용한 것이라고 하기 어렵다(서울고법 2003.9.26. 선고, 2003누3316 판결).

» 판례

평가운영 측면의 법률적 정당성 요소 - 평가제도 변경 시 공개시점

사용자가 사업 운영상 평가항목 및 계약해지 기준 점수 등을 변경할 수는 있으나, 피평가자들에게 변경된 내용을 사전에 통지하거나 공고하여 대비할 수 있는 기회를 주지 않은 채 변경된 심사평가기준에 따라 피평가자들을 평가하고 이를 근거로 피평가자들과 갱신계약의 체결을 거절한 것은 해고와 마찬가지로 무효라 할 것이다(중노위 2008부해348, 2008.7.22.).

Episode

#3

인사평가의 법적 문제점을 해소하려면 어떻게 해야 할까요?

김 팀장은 인사팀 이 팀장에게 인사평가의 법적 정당성 판단요소에 대해서 한 시간가량 설명을 들었다. 이 팀장의 명쾌한 설명 덕분에 인사평가의 법적 정당성이 이제야 좀 이해가 된다. 이렇게 노동법이 갈수록 복잡해지는데…. 역시 인사팀장은 아무나 하는 게 아니라는 생각도 든다.

가벼운 마음으로 자리로 돌아오니 저쪽 파티션 너머로 박 대리의 머리 끝이 보였다. 김 팀장의 마음은 다시 무거워졌다. 또다시 현실적인 고민이 시작되었다. 이 팀장한테 전해들은 바에 따르면 인사평가의 법적 정당성 판단요소가 10가지 정도 되는데, 문제는 이것을 어떻게 모두 충족시킬 수 있을까에 대한 것이었다. 지금까지는 인사평가 시 이러한 요소를 거의 생각하지 않았기 때문에 그렇게 어렵지 않았는데, 이 요소들을 모두 충족시켜야 한다고 생각하니 아무래도 자신이 없다.

'괜히 평가를 잘못해서 소송을 당할 바에야 아예 평가를 안 하는 게 더 낫지 않을까'라는 말도 안 되는 생각까지 든다. '인사평가의 법적 문제를 해소하기 위해서는 도대체 어떻게 평가해야 할까?'

인사평가의 법적 정당성은 평가구조(절대평가, 다면평가, 평가항목의 합리성 등) 측면, 평가절차(본인평가, 평가피드백, 이의제기 등) 측면, 평가운영(평가절차 준수, 평가적용의 일률성, 평가제도 변경 시 공개시점 등) 측면을 종합적으로 고려해 판단된다는 점을 이전 에피소드에서 살펴보았다.

그런데 실무적으로 보면 이러한 다양한 인사평가의 법적 정당성 요소를 어떻게 확보할 것인가에 대한 문제가 발생한다. 평가의 정당성 요소가 너무 많고 관리하기가 어렵기 때문에 많은 기업들은 인사평가의 법적 정당성 관리를 포기하기도 한다. 그러나 인사평가의 법적 정당성은 생각보다 매우 간단한 방법으로 확보할 수 있다. 그 방법을 소개하고자 한다.

바로 성과관리의 정상적인 시행이다. 대부분의 기업들은 MBO (Management By Objectives) 방식의 성과관리를 시행하고 있다. MBO란 '목표에 의한 성과관리'를 의미한다. 그러나 안타깝게도 대부분의 기업이 MBO를 매우 형식적으로 운영할 뿐 실제 성과관리에 활용하지 못하고 있다. 즉, 연말평가 시 목표 달성여부를 확인해서 평가등급을 부여하는 수준으로만 사용하고 있는 것이다.

그러나 MBO의 본질은 '성과를 관리'하는 것이다. 다시 말해, MBO는 인사고과 제도가 아니라 '성과관리 제도'라는 점을 가장 먼저 기억해야 한다. 따라서 MBO는 '목표합의-수시코칭-평가시행' 과정 전체를 의미하며 이를 통해 성과를 관리하고 나아가 성과를 향상시키는 것이다.

그렇다면 MBO의 본질로 돌아가면 어떻게 될까? 먼저, 팀장과 팀원이 충분한 논의를 통해 목표를 설정한다. 또한 업무수행 과정에서 매월 또는 수시로 코칭이 이뤄진다. 그리고 마지막으로 연말에 본인의 의견과 상사의 의견을 기록하고 리뷰한다. 이러한 과정이 이뤄졌을 때 우리는 놀라운 사실 한 가지를 발견하게 된다. 인사평가의 법적 정당성이 자연스럽게 확보된다는 점이다. 목표합의를 통해서 절대평가가 이뤄지고 평가항목의 합리성을 확보하게 되어 평가구조 측면의 정당성을 확보하게 되는 것이다. 또한 평가 시 본인평가와 평가 피드백, 평가 이의제기절차 등을 운영하면서 평가절차 측면의 정당성을 확보하게 된다. 마지막으로 사전에 목표를 합의하기 때문에 평가절차 변경 시 공개시점을 문제를 해결하는 등 평가운영 측면의 정당성을 확보하게 된다.

정리하자면, 인사평가의 법적 정당성은 별도의 노력을 통해서가 아니라 MBO의 정상적인 시행을 통해서 자연스럽게 확보할 수 있는 것이다.

이제 에피소드로 돌아가 보자. 김 팀장은 인사평가의 법적 정당성을 확보할 수 있는 별도의 방안을 고민했다. 그러나 이러한 고민은 사실 필요하지 않을 것 같다. MBO의 본질을 이해하고 '목표합의-수시코칭-평가시행'의 과정을 충실히 이행한다면, 인사평가의 법적 정당성이라는 선물을 받게 될 것이다.

MBO(Management by objectives)

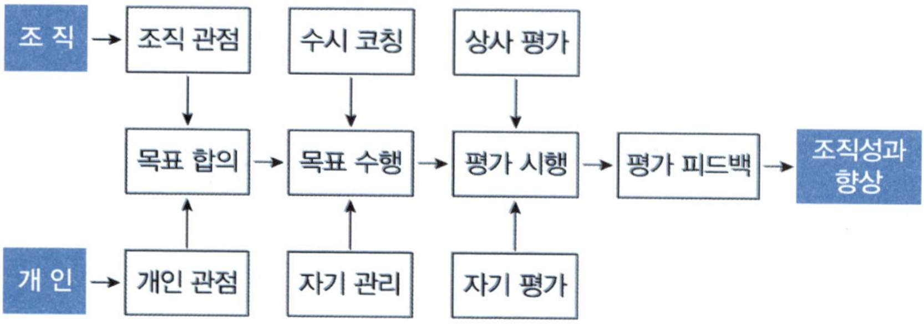

Implication	• MBO는 Management (of performance) by objectives and self-control을 말함. • MBO는 목표를 관리하는 것이 아니라 목표에 의한 성과관리를 의미함. 즉, MBO는 인사고과 제도가 아니라 성과관리 제도임. 또한 MBO는 자율성에 의한 자기관리(self-control)에 기초를 두고 있음. • MBO의 핵심은 커뮤니케이션임. 목표합의, 수시코칭, 평가면담과 피드백 등 MBO의 모든 과정이 커뮤니케이션으로 이루어짐.

Episode
#4

협력사 직원에 대해 인사평가를 할 수 있을까요?

김 팀장은 한 가지 변화를 준비하고 있다. 바로 외부업체 관리 강화이다. 마케팅팀의 경우 이벤트, 고객초청행사, 페스티벌 등 행사가 많기 때문에 행사 진행을 외부업체(○○기획)를 통해서 진행하고 있다. 원활한 업무 협조를 위해서 ○○기획으로부터 직원 2명을 파견받아 업무를 진행하고 있다.

김 팀장은 ○○기획 직원들과 함께 일해보니, 이들에게 문제가 많다는 생각이 들었다. 업무처리방식, 보고체계, 근태 등 한두 가지 문제가 아니었다. 조 과장도 어제 휴게실에서 김 팀장에게 넌지시 말했다.

"팀장님, ○○기획 직원들이 근무 시간에 자꾸 사라져서 몇 시간 있다가 나타나곤 하거든요. 그리고 업무도 대충 처리해서 제가 다시 처리한 적도 많고요. 그냥 보고만 계실 겁니까?"

김 팀장은 이미 이런 문제를 알고 있었다. 김 팀장은 어떻게 해결할까 고민하다가 내년부터 ○○기획 직원에 대해서 인사평가를 하면 어떨까 하는 아이디어를 떠올렸다. 인사평가를 통해 외부업체에 대한 관리를 강화하려는 것이다. 그런데 혹시 이 또한 노동법적으로 혹시 문제가 있지는 않을까 걱정이 된다.

'과연 외부 협력업체 직원에 대해서 인사평가를 해도 괜찮을까?'

기업은 다양한 영역에서 도급을 활용하고 있다. 전문성이 높은 업체에 업무를 의뢰하여 경영의 효율성을 높이는 것은 매우 바람직하다. 그러나 도급의 경우 운영을 잘못하면 법률적 문제를 야기하게 된다. 대표적인 것이 바로 불법파견이다.

우선 아래 그림을 통해서 도급과 파견에 대해서 간단히 살펴보자.

도급 및 파견에 대한 법률적 판단 기준

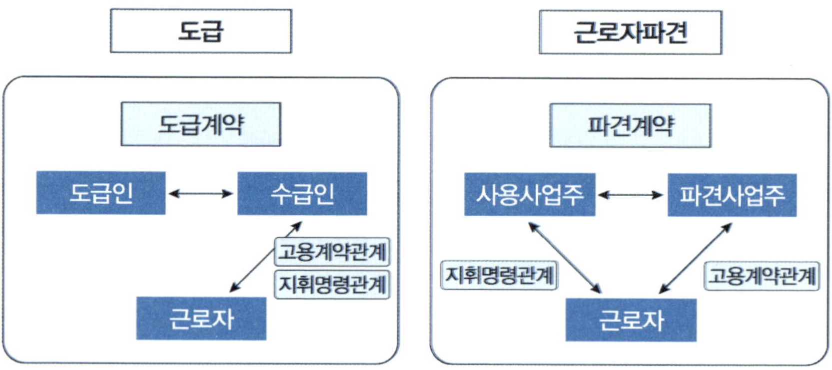

사용사업주(도급인)가 도급근로자에 대하여 지휘 · 명령권을 행사한 것으로 판단되면 파견으로 판단함

도급 절차는 다음과 같다. 도급인과 수급인이 도급계약을 체결한다. 이후 수급인은 근로자를 채용한다. 그리고 수급인이 근로자에 대해서 지휘 · 명령권을 갖는다. 그러나 파견은 다르다. 사용사업주와 파견사업주가 파견계약을 체결한다. 이후 파견사업주는 근로자를 채용한다. 그리고 파견사업주가 아닌 사용사업주가 근로자에 대해서 지휘 · 명령권을 갖게 된다. 도급과 파견의 가장 큰 차이점은 누가 근로

자에 대한 지휘·명령권을 갖는가에 달려 있다. 에피소드의 경우 김 팀장 회사가 도급인이고 ○○기획이 수급인이다. 따라서 ○○기획의 직원에 대해서 ○○기획이 지휘·명령권을 행사해야 한다.

이러한 상황에서 만약 ○○기획 직원 2명에 대해 김 팀장이 인사평가를 하면 어떻게 될까? 인사평가는 지휘·명령권의 핵심요소이다. 여러분도 회사에서 평가권자의 지시를 받을 것이다. 따라서 김 팀장이 ○○기획의 직원에 대해 인사평가를 하게 되면 김 팀장이 ○○기획 직원에 대해 지휘·명령권을 행사한 것으로 판단될 가능성이 높다. 즉, 도급이 아니라 파견관계로 해석될 가능성이 높아진다는 것이다. 만약 해당 계약관계가 도급이 아니라 파견으로 판단된다면 파견법의 적용을 받게 되기 때문에 불법파견의 리스크가 발생하게 되는 것이다.

이제 에피소드로 돌아가 보자. 김 팀장이 외부업체에 대해 관리를 강화하는 것은 충분히 계획할 수 있다. 그러나 외부업체 직원에 대해 직접 인사평가를 하는 것은 도급의 안정성을 해칠 염려가 있다는 점을 기억해야 한다. 도급업무의 안정성을 높이기 위한 외부업체 관리 방안의 변화를 고민하는 것이 필요할 듯하다.

더 알아보기

판례

도급의 정당성 판단 기준

원고용주가 어느 근로자로 하여금 제3자를 위한 업무를 수행하도록 하는 경우 그 법률관계가 파견근로자보호 등에 관한 법률의 적용을 받는 근로자파견에 해당하는지는 당사자가 붙인 계약의 명칭이나 형식에 구애될 것이 아니라, (중략) 원고용주가 작업에 투입될 근로자의 선발이나 근로자의 수, 교육 및 훈련, 작업 · 휴게시간, 휴가, 근무태도 점검 등에 관한 결정 권한을 독자적으로 행사하는지, (후략) 등의 요소를 바탕으로 근로관계의 실질에 따라 판단하여야 한다(대법원 2015.2.26. 선고, 2010다106436 판결).

새로운 읽을거리

상대평가에서 절대평가로 변화가 가능할까요?

‘상대평가와 절대평가 중 어떤 방식이 좋을까?’라는 질문을 받는다면 어떤 생각이 드시나요? 아마도 ‘짜장면을 먹을까? 짬뽕을 먹을까?’ 아니면 ‘엄마가 좋아? 아빠가 좋아?’ 이런 생각이 떠오르시지는 않나요? 상대평가와 절대평가의 고민은 답이 없는 이야기라고 말하는 분들이 많습니다. 그렇지만 기업은 상대평가와 절대평가 중 선택해야 하는 현실을 맞이하게 됩니다. 그렇다면 과연 어떤 선택이 현명한 선택일까요?

최근 인사평가의 큰 흐름은 절대평가의 확대입니다. 글로벌기업과 대기업 등 대부분의 기업들은 절대평가로 변화하고 있습니다. 그렇다면 과연 이런 변화가 성공할 수 있을까요? 먼저 상대평가와 절대평가의 본질을 잠깐 살펴보는 것이 필요할 것 같네요.

상대평가는 우리가 어릴 적부터 적용받았던 익숙한 평가방식입니다. 모두 학창시절에 성적표를 받아보셨지요. 바로 순위 평가입니다. 순위를 통하여 상대적 서열을 결정합니다. 따라서 관대화가 발생할 염려가 없습니다. 그러나 가장 큰 문제는 꼴찌도 잘한 경우에 발생할 수 있습니다. 예를 들어 상대평가 방식의 경우에는 영업팀 5명이 모두 목표를 달성했다고 하더라도 꼴찌에게는 최하등급인 D등급을 주어야 합니다.

이와 달리 절대평가는 목표를 정하고 달성여부를 판단하는 것입니다. 예를 들어 운전면허 1종보통 필기시험의 경우 70점 이상이면 합격입니다. 이것이 절대평가입니다. 절대적인 기준으로 판단하기 때문에 평가의 합리성이 높습니다. 그러나 절대평가에도 결정적인 결점이 있습니다. 바로 관대화 경향입니다. 즉, '다 잘했어'가 발생하게 됩니다. 예를 들어 회사의 경영실적은 점점 악화되고 있는데 직원들은 모두 A등급을 받습니다. 사장님은 '이런 평가는 뭐 하러 하는거야?'라고 역정을 냅니다.

결국 기업은 '상대평가 → 절대평가 → 상대평가 → 절대평가'를 반복하게 됩니다. 아마도 여러분의 회사도 다르지 않을 것이라고 생각합니다. 그렇다면 상대평가와 절대평가에 대해서 어떤 접근이 필요할까요? 바로 상대평가와 절대평가 선택 시 장점만 선택하는 것이 아니라 단점도 함께 선택한다는 인식이 필요합니다. 즉, 상대평가는 순위가 명확하지만 꼴찌도 잘 한 경우가 발생할 수 있다는 점을 인정하는 것입니다. 또한 절대평가는 절대적 기준에 의해 합리성이 높지만 관대화 경향이 발생한다는 점을 인정하는 것입니다. 좀 쉽게 표현하자면 여러분 집을 사실 때 역세권의 비싸지만 교통이 좋죠? 반면 외곽은 좀 싸지만 교통이 좋지 않습니다. 우리는 당연히 장점과 단점을 함께 선택합니다. 그러나 절대평가와 상대평가의 장점만을 선택하고 싶은 마음이 문제를 해결하지 못한 원인이라고 볼 수 있습니다.

그럼 이제부터 기업이 절대평가를 성공적으로 정착시킬 수 있는 방안에 대해서 고민해 보겠습니다. 첫 번째 우리가 평가를 하는 이유를 다시 한번 생각해 보는 것입니다. 평가를 하는 이유는 '일을 좀 더 잘하기 위해서'입니다. 그렇다면 순위를 내리는 방식과 목표를 정하는 방식 중 어떤 방식이 더 적합할까요? 만약 순위를 내리는 상대평가 방식을 선택한다면 일을 잘하기 보다는 다른 사람을 이기는 것이 더 중요하지 않을까요? 따라서 목표를 정하고 일하는 절대평가 방식이 필요한 것입니다.

두 번째 직원들의 평가의 공정성 인식입니다. 만약 우리가 동일한 조건에서 동일한 문제를 푸는 상황이라면 상대평가 방식을 인정할 수 있습니다. 대학입학 시 수능이 대표적이 사례겠네요. 그러나 기업에서는 서로 다른 일을 수행합니다. 다른 일을 하는 사람을 서로 비교하여 서열을 내린다는 것은 정말 어처구이가 없는 일입니다. 예를 들어 '기획담당 김 대리와 인사담당 박 대리 중 누가 일을 더 잘했나요?'라는 질문은 '야구선수 류현진과 축구선수 손흥민 중 누가 운동을 잘하나요?'라고 묻는 것과 같은 것입니다. 참으로 어리석은 질문이 아닐까요? 따라서 절대평가의 합리성을 통해 평가의 공정성을 높여야 합니다.

세 번째 절대평가의 단점을 인정하고 보완하는 것입니다. 앞서 절대평가는 합리적이지만 관대화 경향이 발생한다고 말씀드렸습니다. 따라서 관대화 경향이라는 절대평가의 단점을 최소화하는 노력이 필요합니다. 예를 들어 절대평가 부여 시 우수등급자(S등급, A등급 등)에 대해서는 평가근거를 제시하도록 하는 방식 등을 고려해 볼 수 있습니다. 또한 일부 기업의 경우에는 절대평가 후 상대 서열화를 시행하는 절대평가와 상대평가의 병행을 통해 절대평가의 문제점을 최소화시키기도 합니다.

지금까지 상대평가와 절대평가에 대해서 살펴보았습니다. 이제 우리는 절대평가 방식을 선택해야 합니다. 기준을 정하고 일하는 절대평가 방식을 통해서 우리는 좀 더 일을 잘 할 수 있습니다. 그러나 절대평가 선택 시 관대화라는 단점도 함께 따라온다는 점도 인정해야 합니다. 결국 절대평가를 통해 얻는 것이 잃는 것보다 훨씬 크기 때문에 우리는 과감히 절대평가를 선택해야 할 것입니다.

리더를 위한 에피소드 노동법

노동법 좀 아는 리더!!!

리더를 위한 에피소드 노동법

노동법 좀 아는 리더!!!

VI
인사발령·징계 Episode

#1. 서울에서 근무하는 직원을 지방으로 발령 내도 되나요?

#2. 아웃소싱을 하면 직원은 자동적으로 이동하게 되나요?

#3. 직원의 비위행위에 대해서
회사는 어떻게 조치해야 하나요?

#4. 업무상 큰 실무를 한 직원에게
시말서를 작성하도록 하는 것이 문제가 되나요?

#5. 직원의 사생활에 대해 징계가 가능한가요?

#6. 업무 후 대리운전하는 직원을
제재할 수 있는 방법은 없나요?

#7. 팀장과의 면담 내용을 동의 없이 녹음하는 것은
불법 아닌가요?

Episode
#1

서울에서 근무하는 직원을 지방으로 발령 내도 되나요?

김 팀장은 인사발령지를 보고 깜짝 놀랐다. 본사 총무팀 이 과장이 부산점 관리팀으로 발령이 난 것이다. 이 과장은 입사 후 계속 서울 본사에서 근무했고 부산에는 연고가 없는 것으로 알고 있다. 이 과장과는 같은 바이크 동아리 멤버이고 성격도 잘 맞아 형제처럼 지내는 사이였다. 김 팀장은 이 과장에게 바로 전화를 걸었다.

"이 과장, 나야. 인사발령지 지금 막 봤어. 어떻게 된 거야?"

"사실 올해 소방점검 때 문제가 좀 있었어요, 비상통로에 적재물이 쌓여 있어서 과태료를 부과받았거든요. 그런데 그 문제는 지금까지 아무도 해결 못 한 건이잖아요?"

"그렇지. 다른 방법이 있으면 거기에 계속 물건을 쌓아뒀겠어?"

"그런데 본부장님이 소방점검 건을 문제 삼아서 인사팀에 제 발령을 요청한 것 같아요. 저한테 단 한 번의 상의도 없이 집도 절도 없는 부산으로 가라니…. 이건 회사 그만두라는 징계성 인사발령 아닌가요?"

"설마…. 여하튼 이 과장 많이 억울하겠다. 이제 어떻게 할 거야?"

"법적으로 싸워보려고요. 먼저 노무사랑 상담을 해봐야겠어요."

"그래? 회사와 싸운다고?… 그래도 다시 한번 신중하게 생각해 봐. 이 과장"

김 팀장은 인사발령도 법적 다툼이 일어날 수 있다는 사실을 새롭게 알게 됨과 동시에 궁금증이 생겼다. '인사이동의 정당성은 어떤 기준으로 판단될까?'

많은 리더들이 인사발령에 대해 오해하는 점이 있다. 인사발령은 회사의 고유권한이기 때문에 직원을 언제 어디로든 발령을 낼 수 있다고 생각하는 것이다. 그러나 사실은 그렇지 않다. 인사발령도 법적 정당성의 판단 대상이 된다. 인사발령의 경우 업무상 필요성과 생활상의 불이익을 비교하여 정당성을 판단하게 된다. 즉, 업무상 필요성이 생활상 불이익보다 큰 경우에 정당한 인사발령으로 판단되는 것이다. 아래 시소 그림을 보자.

인사이동에 대한 법적 정당성 판단 기준

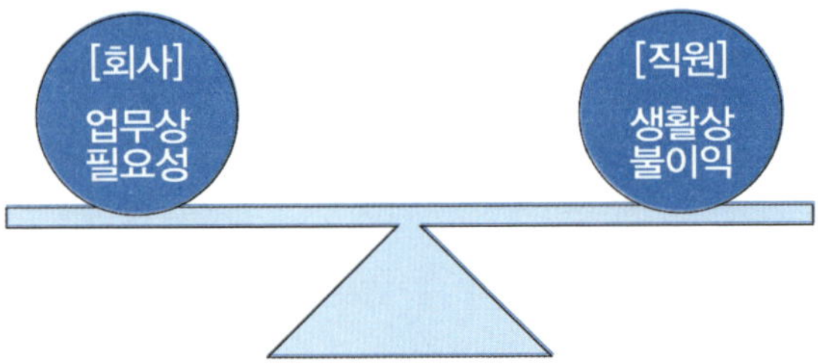

회사의 업무상 필요성과 직원의 생활상 불이익을 시소위에 올려놓는다고 가정해 보자. 그리고 누가 더 무거운지를 비교해보는 것이다. 만약 회사의 업무상 필요성이 더 무거운 경우에는 정당한 인사발령이 되지만, 반대로 직원의 생활상 불이익이 더 큰 경우에는 부당한 인사발령이 된다. 또한 인사발령 과정에서 본인과 협의를 했는지 등의 여부는 법적 정당성 판단의 추가적인 요소로서 작용하게 된다.

우리 기업의 실제 모습을 살펴보자. 대부분의 기업들은 이러한 법적 고려 없이 회사의 일방적인 판단에 의해 인사발령을 내고 있다. 그러나 이제 근로자들은 인사발령의 정당성을 법적 분쟁을 통해서 다툴 수 있다는 사실을 잘 알고 있다. 최근 부당인사이동구제신청 등 인사이동에 대한 법적 분쟁이 증가하고 있는 점을 유심히 살펴볼 필요가 있을 것이다.

이제 에피소드로 돌아가 보자. 이 과장은 서울 본사 총무팀에서 부산점 관리팀으로 인사이동되었다. 이 경우 회사가 해당 인사발령에 대한 업무상 필요성을 입증해야 한다. 만약 회사가 업무상 필요성을 입증하지 못한다면 징계성 부당인사발령으로 판단될 가능성이 매우 높은 사례라고 생각된다.

더 알아보기

판례

인사이동의 정당성 판단

근로자에 대한 전보명령은 근로자의 상당한 합리성이 있는 이어폰 착용 거부에 대한 보복의 수단으로서 실질적으로는 징계처분의 일환으로 이루어진 것으로 보이고 전보로 인하여 근로자가 입은 생활상의 불이익의 정도보다 전보에 대한 업무상의 필요성이 크다고 볼 수 없어 근로자에 대한 전보 처분은 무효이다(대법원 1997.12.12. 선고, 97다36316 판결).

Episode
#2

아웃소싱을 하면 직원은 자동적으로 이동하게 되나요?

김 팀장은 최근 마음이 씁쓸해지는 이야기를 듣게 되었다. 현재 직영으로 운영하고 있는 미화업무를 아웃소싱으로 전환한다는 것이다. 아침 일찍 출근했을 때 복도에서 마주치면 "안녕하세요. 팀장님, 오늘 날씨 너무 좋은데요." 라고 인사하던 미화 여사님의 모습이 떠올랐다. 괜히 마음이 착잡해졌다. 물론 요즘 아웃소싱이 대세이기는 하지만 '미화는 계속 우리 회사에서 직접 운영해도 되지 않나?'라는 생각도 들었다.

그런데 갑자기 '미화가 아웃소싱되더라도 미화 여사님이 회사에 남을 수 있는 방법이 있지 않을까?'라는 생각이 김 팀장 머리를 스친다. 왜냐하면 미화 여사님은 예담 아웃도어와 근로계약을 체결했기 때문이다. 미화업무 아웃소싱은 김 팀장과 직접 관련된 일은 아니지만, 미화 여사님이 안쓰럽다는 생각이 드는 순간부터 일이 손에 잡히지 않았다. 이를 인사팀에 직접 물어보기는 좀 그렇고…. 인터넷을 찾아보는 게 제일 나은 방법인 것 같다. 김 팀장은 스마트폰을 꺼내 검색창에 "아웃소싱을 하면 직원은 자동적으로 이동하게 되나요?"라고 검색창에 쳐본다.

최근 기업들은 다양한 영역에 대해서 아웃소싱을 진행하고 있다. 모든 업무를 직접 수행하기보다는 전문성이 높은 업체에게 의뢰하는 것이 경영의 효율성을 높일 수 있다는 판단에서이다. 이러한 아웃소싱의 경우 근로관계 이전과 관련한 부분을 잘 이해할 필요가 있다. 아웃소싱이 이루어지면 고용이 승계되는 경우가 일반적이다. 즉, 아웃소싱을 수행할 업체가 기존의 직원을 채용하는 방식으로 고용을 승계하는 것이다.

이 경우 근로자는 당연히 아웃소싱 업체로 이동해야 하는 것일까? 물론 회사에 해당 업무가 없어지기 때문에 아웃소싱 업체로 이동하는 것이 일반적이다. 그러나 이러한 이동은 근로자의 선택에 의해 이뤄진다는 점이 중요하다. 다시 말해서 근로자는 아웃소싱 업체로의 이동을 거부하고 잔류할 수 있는 권리가 있는 것이다. 우리가 이러한 점을 명확히 이해해야 하는 이유는 아웃소싱 시 기존 근로자의 동의 없이 진행할 경우 많은 노사갈등을 야기시키기 때문이다.

이제 에피소드로 돌아가 보자. 회사는 경영진의 의사결정을 통해서 미화업무를 아웃소싱으로 운영하기로 결정했다. 그러나 미화 여사님은 여전히 회사와 근로계약관계를 유지하게 된다. 따라서 미화 여사님은 회사 잔류와 아웃소싱업체로의 이동을 선택할 수 있는 권리를 갖는다. 만약 미화 여사님이 회사 잔류를 선택하면 회사는 향후 다른 업무를 부여하는 것에 대해서 검토해야 한다. 결론적으로, 보통 어떤 업무가 아웃소싱이 되면 직원이 자동적으로 이동한다고 생각한 것은 큰 오해였던 것이다.

더 알아보기

» 판례

아웃소싱 전환에 따른 정리해고의 정당성 판단

도급화 과정에서 도급업체로의 고용승계나 전환배치를 거부한 근로자들을 해고한 것은 단순한 인건비 절감 또는 노무관리의 편의를 위하여 단행된 것으로 '긴박한 경영상 필요성'이 있다고 보기 어렵다(대법원 2015.5.28. 선고, 2012두25873 판결).

Episode
#3

직원의 비위행위에 대해서 회사는 어떻게 조치해야 하나요?

김 팀장은 팀장 역할을 수행하면서 어려운 점이 한 가지 있다. 회사의 규정을 어기거나 거짓말을 하는 등 잘못을 한 직원에게 어떤 조치를 해야 하는가이다. 그냥 모른 척 넘어가자니 계속 문제가 발생할 것 같고, 공식적인 징계조치를 하려 하니 어떤 절차를 거쳐야 하는지도 잘 모르겠다.

이렇게 생각하게 된 건 최근 박 대리의 행동 때문이다. 며칠 전 박 대리가 외부 업체를 방문한다고 외근을 나갔는데 알고 보니 업체를 방문하지 않고 사적인 일을 보고 들어온 것이다. 기억을 더듬어보니 박 대리가 이렇게 근무시간에 몰래 이탈한 게 한두 번이 아니다. 이번처럼 외근을 핑계로 나갔다가 업무를 보지 않고 들어온 적도 있지만, 말도 없이 장시간 자리를 비우는 일도 종종 있었다. 그때마다 주의를 줘야겠다고 생각은 했지만 업무가 워낙 바쁘다 보니 그냥 넘어갔는데, 이제 박 대리의 행동이 점점 더 대담해지는 것 같아 걱정이다.

김 팀장은 이제 자신이 나설 때라고 생각하고, 직원의 비위행위에 대해서 회사가 어떻게 조치를 취해야 할지 고민하기 시작했다. '직원이 문제행위에 대해서 회사는 어떻게 조치해야 할까?'

리더의 가장 중요한 역할 중 하나는 조직의 질서를 유지하는 것이다. 이때 징계권은 조직질서 유지를 위한 핵심적인 권한이다. 그러나 징계권 행사는 향후 법적 정당성 판단의 대상이기 때문에 매우 신중한 접근이 필요하다.

징계의 법적 정당성은 사유(事由)의 정당성, 양정(量定)의 정당성, 절차(節次)의 정당성으로 나뉜다. 즉, 징계 사유에 해당해야 하고, 징계의 수위가 적정해야 하며, 징계의 정해진 절차를 밟아야 하는 것이다. 위 3가지가 모두 충족하는 경우에만 정당한 징계로 인정된다. 다시 말하자면 위 3가지 중 한 가지라도 갖추지 못했다면 부당 징계가 된다.

징계의 정당성 판단기준

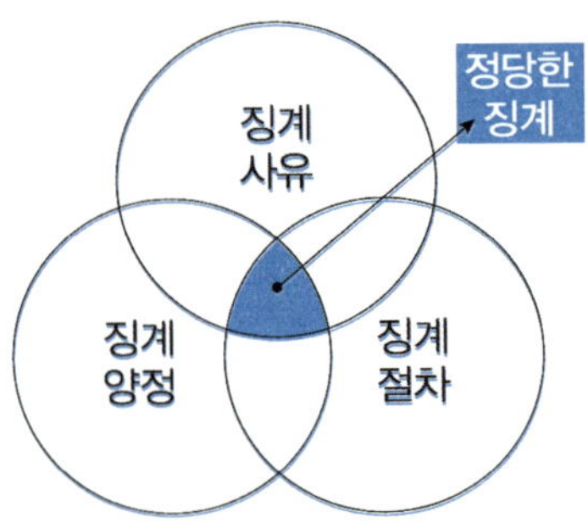

그림을 보면 좀 더 쉽게 이해가 될 것이다. 징계사유, 징계양정, 징계절차를 모두 충족하는 빗금 친 교집합 영역만이 정당한 징계로 인정받을 수 있다. 실제 기업 현장에서는 횡령 등 명백한 비위행위가 발생했지만, 취업규칙상 정해진 징계절차를 따르지 않거나 또는 징계양정 과다로 인하여 부당징계로 판단되는 경우가 많이 발생하고 있다. 따라서 징계의 필요성이 있는 경우에는 징계 사유, 징계 양정, 징계 절차를 면밀히 검토하여 징계를 시행하는 것이 필요하다.

이제 에피소드로 돌아가 보자. 박 대리는 분명히 허위보고 후 무단으로 근무장소를 이탈했다. 따라서 명백한 징계사유에 해당하는 것으로 판단된다. 김 팀장은 경고 등을 통해서 주의를 주는 방법과 공식적인 징계절차를 밟는 방법 중 선택할 수 있다. 만약 공식적인 징계 절차를 시행할 경우 징계 양정과 징계 절차에 대해서는 인사팀과 협의하여 진행하는 것이 바람직할 것으로 보인다.

더 알아보기

판례

징계의 정당성 판단

징계권의 행사가 임용권자의 재량에 맡겨진 것이라고 하여도 공익적 목적을 위하여 징계권을 행사하여야 할 공익의 원칙에 반하거나 일반적으로 징계사유로 삼은 비행의 정도에 비하여 균형을 잃은 과중한 징계처분을 선택함으로써 비례의 원칙에 위반하거나 또는 합리적인 사유 없이 같은 정도의 비행에 대하여 일반적으로 적용하여 온 기준과 어긋나게 공평을 잃은 징계처분을 선택함으로써 평등의 원칙에 위반한 경우에 이러한 징계처분은 재량권의 한계를 벗어난 처분으로서 위법하다 할 것이다(대법원 2003.1.24. 선고, 2002두9179 판결).

Episode
#4

업무상 큰 실무를 한 직원에게 시말서를 작성하도록 하는 것이 문제가 되나요?

김 팀장은 아침부터 본부장실에 불려 들어갔다. 바겐세일 전단지가 하루 늦게 인쇄되는 바람에 세일 진행에 큰 문제가 발생한 것이다. 본부장으로부터 호된 질책을 받은 김 팀장은 자리로 돌아와 생각에 잠겼다. '이번 일은 박 대리가 잘못해서 발생한 일인데…. 어떻게 마무리하는 게 좋을까?' 김 팀장은 이번 일은 그냥 넘어가면 안 된다고 생각하고 박 대리에게 시말서를 받기로 마음먹었다.

"박 대리, 이번 전단지 건으로 우리 팀이 본부장님께 크게 질책받은 거 알고 있죠?"

"네 팀장님, 업체에서 분명히 일정에 문제가 없다고 했는데…."

"이제 와서 그러면 어쩌자는 겁니까? 이번 건은 사안이 중대하니 시말서를 제출하세요."

"네? 시말서요?"

"네, 시말서요. 박 대리가 업무를 제대로 못 챙겨서 발생한 거잖아요. 뭐가 잘못됐나요?"

"아니 그건 아니지만…. 일단 생각해보겠습니다."

김 팀장은 문득 불안한 마음과 함께 궁금증이 떠올랐다. '회사가 업무를 제대로 수행하지 않은 직원에게 시말서 작성을 요구하는 것도 노동법상 문제가 될까?'

회사생활을 하다보면 누구나 한번쯤 시말서(始末書)라는 단어를 들어본 적이 있을 것이다. 시말서는 드라마나 영화에서도 자주 등장하기 때문에 우리는 '일을 잘못한 사람이 적는 문서' 정도로 상식선에서 이해하고 있다.

그러나 실제 기업 현장에서는 시말서와 관련해 법적 분쟁이 지속적으로 발생하고 있다. 바로 시말서의 성격에 대한 해석의 차이 때문이다. 시말서는 경위서(확인서)를 의미하는 경우와 반성문(사죄문)을 의미하는 경우로 나뉜다. 시말서가 경위서를 의미하는 경우에는 회사가 당연히 요구할 수 있지만 반성문을 의미하는 경우에는 사정이 달라진다. 헌법상 양심의 자유가 있기 때문이다. 즉, 우리나라 국민은 누구나 헌법에서 보장하는 양심의 자유를 가지기 때문에 반성문 제출 요구는 양심의 자유를 침해하는 위법한 업무명령이 될 수 있는 것이다.

우리는 일터 현장에서 시말서라는 단어를 매우 자주 사용한다. 그러나 근로자가 시말서를 반성문으로 인식했다면 시말서 제출을 거부할 수 있다는 결론에 이르게 된다. 따라서 이제부터 일터에서는 가급적 시말서보다는 경위서라는 표현을 사용해야 한다. 회사가 직원에게 요구하는 것은 해당 사안에 대한 경위에 대해 확인을 받고자 하는 것이지 잘못했다는 반성문을 받으려는 것은 아니기 때문이다.

이제 에피소드로 돌아가 보자. 박 대리는 자신이 맡은 업무를 제대로 처리하지 못해서 회사에 피해를 입혔다. 그렇다면 김 팀장은 박 대리에게 해당 사안에 대해 시말서가 아니라 경위서를 요구하는 것이 바람직하다. 또한 비슷한 사안이 반복적으로 발생한다면 누적된 경위서를 바탕으로 징계가 이루어질 수 있을 것이다. 이제는 일터 사전(workplace dictionary)에서 시말서라는 표현을 삭제하면 어떨까.

시말서(始末書)에 대한 판단

구분	경위서(확인서)	사죄문(반성문)
직원에게 요구 시 법적 판단	정당성이 인정됨	정당성이 부정될 수 있음 (위법한 업무명령)
법적 판단 근거	직장 질서 유지를 위한 인사권 행사	헌법상 양심의 자유를 침해함
실무적 적용	직장 질서 위반행위에 대해서는 "경위서" 작성을 요구하는 것이 바람직함(시말서라는 표현은 사죄문 또는 반성문이라고 해석될 소지가 있음)	

더 알아보기

판례

시말서 작성 거부와 양심의 자유

시말서는 사고나 비위행위에 연루된 근로자가 그 일의 경위·전말을 자세히 적어서 제출하는 경위서를 의미하는 경우와 사고를 일으킨 자가 그 보고와 사죄를 위하여 그간의 사정을 적어서 제출하는 사죄문·반성문을 의미하는 경우가 있으므로, (중략) 그러나 시말서 제출명령이 단순히 사건의 경위를 보고하는 데 그치지 않고 더 나아가 근로관계에서 발생한 사고 등에 관하여 자신의 잘못을 반성하고 사죄한다는 내용이 포함된 사죄문 또는 반성문을 작성하여 제출하도록 하는 취지라면, 이는 우리 헌법상 보장하고 있는 양심의 자유 즉, 양심에 반하는 행동을 하지 않을 자유를 침해하는 것으로서 위법한 업무명령이라 할 것이다(서울행법 2008.7.17. 선고, 2007구합46005 판결).

Episode

#5

직원의 사생활에 대해 징계가 가능한가요?

김 팀장은 오늘 영업팀 강 팀장과 오랜만에 점심식사를 함께했다.

"김 팀장, 오늘 어쩐 일로 식사를 하자고 했어? 무슨 문제 있는 건 아니지?"

"아니 뭐…. 그런데 팀장 되니까 신경쓸 일이 한둘이 아닌 것 같아. 말 나온 김에 뭐 하나만 물어보자."

"뭔데?"

"우리 팀 박 대리 알지? 박 대리가 개인적으로 금전문제가 좀 있어, 그래서 지금 민사소송이 몇 건이나 진행되고 있는 것 같아. 그리고 팀원들한테도 계속 돈을 빌려달라고 하고 있나봐. 그런데 박 대리가 마케팅 예산을 집행하는 금액이 월 2천만 원이 넘거든. 이거 원 불안해서 일을 맡길 수가 있어야지…. 혹시 관련해서 징계나 인사조치를 할 수 있을까?"

"박 대리가 금전문제가 있구나. 그런데 그건 사적영역이잖아. 나도 정확히는 모르지만 회사가 직원의 사적영역에 대해 징계할 수는 없을 것 같은데… 인사팀에 한번 확인해봐."

"아, 웬만하면 박 대리 이야기는 인사팀에 안 하려고 했는데. 일단 알겠어, 밥이나 먹자."

김 팀장은 식사 내내 박 대리 건이 머리를 떠나지 않는다.

'개인의 사적영역에 대해서 회사가 징계하는 것이 가능할까?'

직원의 사생활의 비행 때문에 고민하는 리더를 의외로 많이 만나게 된다. 보통 사생활 문제는 음주운전, 금전문제, 도박, 불륜 등 다양하게 발생한다. 그런데 사생활의 영역이라 하더라도 업무에 영향을 미치는 경우가 있기 때문에 회사로서는 그냥 넘어가기 어려운 상황이 발생하게 된다.

그렇다면 회사는 직원의 사생활의 비행에 대해 어떤 조치를 취할 수 있을까? 이와 관련해서는 대법원 판례를 살펴보는 것이 도움이 될 것 같다. 대법원은 직원의 사생활에서의 비행이 사업활동에 직접 관련이 있거나 기업의 사회적 평가를 훼손할 염려가 있는 경우에 한하여 정당한 징계 사유가 될 수 있다고 판시하고 있다(대법원 1994.12.13. 선고, 93누23275 판결). 판례의 사실관계를 살펴보면 도시개발공사 소속 근로자가 부동산 투기 행위를 한 경우이다. 이 경우 공기업 직원의 부동산 투기는 기업의 사회적 평가를 훼손할 염려가 있기 때문에 해당 징계가 정당하다고 판단한 것이다.

직원의 사생활의 비행의 징계여부는 다음과 같이 정리해보자

1. 사생활의 비행은 원칙적으로 징계사유가 되지 않는다.

2. 다만, 회사의 사업활동에 직접 관련이 있거나 또는 사회적 평가를 훼손할 염려가 있는 경우에 한해서는 징계할 수 있다.

이제 에피소드로 돌아가 보자. 박 대리의 사적인 금전문제는 원칙적으로 징계의 대상이 되지 않는다. 그러나 박 대리가 금전문제로 형

사적인 처벌을 받을 경우 회사의 사회적 평가에 영향을 미칠 수 있기 때문에 징계 대상이 될 수 있을 것이다. 물론 회사의 취업규칙 상 징계사유가 어떻게 명시되어 있는지를 함께 검토할 필요가 있다. 또한 박 대리가 직원들에게 지속적으로 돈을 빌리는 행위는 취업규칙상 품위유지 의무, 조직질서유지 의무 등을 근거로 하여 제재하는 것이 가능할 것으로 판단된다.

더 알아보기

» 판례

사용자가 근로자에 대하여 징계권을 행사할 수 있는 것은 사업활동을 원활하게 수행하는 데 필요한 범위 내에서 규율과 질서를 유지하기 위한 데에 그 근거가 있으므로, 근로자의 사생활에서의 비행은 사업활동에 직접 관련이 있거나 기업의 사회적 평가를 훼손할 염려가 있는 것에 한하여 정당한 징계사유가 될 수 있다. (중략) 도시개발공사 소속 근로자의 부동산투기행위는 객관적으로 그 공사의 사회적 평가에 심히 중대한 악영향을 미치는 것으로 평가될 수 있는 경우라고 할 것이므로, 이는 그 공사의 인사규정 소정의 "공익을 저해하는 중대한 행위를 했을 때"에 해당한다고 본 것은 정당하다(대법원 1994.12.13. 선고, 93누23275 판결).

Episode

#6

업무 후 대리운전하는 직원을 제재할 수 있는 방법은 없나요?

요즘 김 팀장은 박 대리 때문에 머리가 지끈지끈하다. 박 대리가 새벽에 대리운전을 한다는 사실을 우연히 알게 된 것이다. 박 대리가 요즘 왜 이렇게 지각을 자주 하는지 궁금했는데, 이제야 이유가 명확해졌다. 게다가 박 대리는 대리운전을 하느라 몸이 피곤해서인지 근무시간에 집중하지 못하고 자주 꾸벅꾸벅 졸기도 한다. 대리 직급이면 아직 업무를 열심히 배워야 하는데 하루 종일 피곤한 상태에서 근무하니 업무가 제대로 돌아갈 리 없다.

김 팀장은 박 대리에게 새벽에 하는 대리운전을 그만두라고 말하기로 마음먹고 박 대리를 회의실로 불렀다. 그런데 갑자기 불안한 마음이 들었다. 어차피 대리운전은 업무가 끝나고 사적인 시간에 하는 것인데, 회사가 과연 이를 제재할 수 있는 걸까 하는 생각이 든 것이다. 만약 박 대리에게 대리운전을 그만하라고 얘기했는데 박 대리가 "왜 팀장님은 남의 사생활에 간섭하세요?"라는 반응을 보이면 김 팀장의 모양새가 이상해질 수도 있을 것 같아 조금 망설여진다.

'과연 업무 후 대리운전을 하는 행위를 회사가 제재하는 것이 가능할까?'

최근 주52시간제가 확대되면서 투잡(two job)을 갖는 직원이 늘어나고 있다. 물론 퇴근 후 개인시간에 다른 일을 하는 것은 본인의 자유에 속하는 영역이다. 그런데 문제는 회사 업무에 부정적인 영향을 주는 경우가 발생하는 경우이다. 퇴근 후의 투잡을 완전히 제한할 수는 없겠지만 그렇다고 회사의 업무수행에 문제가 생기는 상황을 그냥 내버려둘 수도 없는 것이 리더의 입장일 것이다.

겸직과 관련하여 법원은 "근로자가 다른 사업을 겸직하는 것은 근로자의 개인 능력에 따라 사생활의 범주에 속하는 것이므로, 기업질서나 노무제공에 지장이 없는 겸직까지 전면적 또는 포괄적으로 금지하는 것은 부당하다."라고 판시하면서 원칙적으로 직업선택의 자유를 인정하고 있다(서울행법 2001.7.24. 선고, 2001구7465 판결).

그러나 우리는 '노무제공에 지장이 없는 겸직'이라는 단서를 유심히 살펴볼 필요가 있다. 즉, '겸직은 원칙적으로 허용되지만 업무에 지장이 있는 경우라면 제한이 가능하다'는 것으로 해석할 수 있는 것이다. 또한 겸직을 제한하는 경우에는 당연히 취업규칙 등 관련 규정에 근거하여 시행해야 한다는 점도 함께 기억해야 한다.

그렇다면 겸직에 대해서 실무적으로 어떻게 접근하는 것이 좋을까?

1. 퇴근 후 겸직은 원칙적으로 허용된다는 점을 이해한다.

2. 다만, 겸직으로 인해 업무에 지장이 발생하는 경우에는 어떤 문제가 생기는지에 대해 면밀히 검토한다.

3. 겸직이 업무에 지장을 준다고 판단되는 경우 정상적인 업무가 수행될 수 있도록 시정을 요구한다.

4. 그럼에도 불구하고 문제가 계속 발생하는 경우 취업규칙 등 관련 규정에 따라 겸직을 제한하는 것을 검토한다(이 경우 취업규칙에 '겸직 제한' 조항이 없는 경우 겸직 제한이 어려울 수 있다).

이제 에피소드로 돌아가 보자. 박 대리는 자신의 선택으로 퇴근 후 대리운전을 할 수 있다. 그러나 대리운전이 정상적인 업무수행에 지장을 주는 상황이라면 김 팀장은 정상적인 업무수행의 범위에서 겸직이 이루어지도록 박 대리에게 시정을 요청하는 것이 필요하다. 그럼에도 불구하고 문제가 지속된다면 취업규칙(겸직의 제한 등)에 근거하여 겸직 제한 조치를 검토할 수 있다.

더 알아보기

» 판례(겸업에 대한 제한)

근로자가 다른 사업을 겸직하는 것은 근로자의 개인능력에 따라 사생활의 범주에 속하는 것이므로, 기업질서나 노무제공에 지장이 없는 겸직까지 전면적 · 포괄적으로 금지하는 것은 부당하다(서울행법 2001. 7.24. 선고, 2001구7465 판결).

» 행정해석(겸업에 대한 제한)

따라서 귀 질의와 같이 근로자의 이중 취업으로 인하여 사업장에서 피해를 입었을 경우, 당해 근로자에 대한 시정요구, 제재(징계 사유, 징계 절차 등) 등에 대하여는 근로기준법에서 특별히 규정한 바가 없으므로 근로계약서, 취업규칙 등에서 규정할 수 있을 것으로 사료됩니다(근로기준팀-5759, 2007.8.3.).

Episode
#7

팀장과의 면담 내용을 동의 없이 녹음하는 것은 불법 아닌가요?

김 팀장은 출근하자마자 메일을 확인하고 잠깐 생각에 잠겼다. 판촉담당 박진환 씨가 점심식사 후 면담을 하고 싶다는 메일을 보낸 것이다.

'박진환씨가 왜 보자고 하지? 혹시 그만둔다는 이야기를 하려는 건가? 안 그래도 요새 매출이 증가하면서 판촉담당이 해야 할 일이 많아지고 있는데, 혹시 그만두기라도 하면 큰일인데…'

그런데 문득 얼마 전 조 과장에게 들은 이야기가 생각났다. 바로 면담 시 음성녹취이다.

"팀장님, 그거 아세요? 요새 직원들이 팀장이랑 면담할 때 그 내용을 스마트폰으로 녹취한다고 하네요."

"그걸 왜 녹취를 해? 참 희한한 사람들도 다 있네."

그때는 별생각 없이 지나쳤는데, 막상 박진환 씨와 면담을 하려니까 혹시 자신과의 면담 내용을 스마트폰으로 녹음할까봐 신경이 쓰인다.

'팀장과의 면담 내용을 동의 없이 녹음하는 것이 적법한가?'

과거에는 대화를 녹음하는 일이 거의 없었다. 녹음을 하려면 작은 녹음기 등 특수한 장치가 필요했기 때문이다. 그러나 요즘에는 스마트폰 녹음 기능을 활용하면 대화 내용을 쉽게 녹음할 수 있다. 따라서 대화 시 상대방과의 대화 내용을 녹음하는 경우가 매우 빈번하게 발생하고 있다. 따라서 리더들은 직원들과 면담할 때 혹시 상대방이 녹음을 하고 있는 게 아닌지 불안한 생각이 들기도 한다. 간혹 녹음 여부를 사전에 합의하는 경우도 있지만 대부분의 경우 서로 녹음에 대해 묻지 않고 대화한다. 그런데 녹음할 것이라고 생각지도 않았는데 어느 날 갑자기 상대방이 녹취록을 보여준다면 기분이 어떨까? 매우 당황함과 동시에 '상대방 몰래 녹음하는 행위가 불법이 아닐까?'라는 생각이 들 것이다.

그러나 우리나라에서 녹취는 우리의 상식과는 약간 다른 기준을 가지고 있다. 녹취의 경우 대화자 간의 대화는 상대방의 동의 없이 녹음할 수 있다. 다만 제3자가 대화 당사자의 동의 없이 녹음하는 것은 불법이 된다. 법원은 "전화 통화 당사자 일방이 상대방 몰래 통화 내용을 녹음하더라도 통신비밀보호법 위반이 되지 아니한다."라고 판시하고 있다(대법원 2002.10.8. 선고, 2002도123 판결). 즉, 면담 등 대화 시 상대방의 동의 없이 대화 내용을 녹음할 수 있는 것이다. 이러한 동의 없이 녹음한 내용도 법원에서 증거로서 효력을 인정받을 수 있다. 다만, 동의 없이 녹음한 행위에 대해서 상대방은 음성권 침해에 따른 민사상 손해배상 청구소송을 할 수 있다는 점은 참고로 기억할 필요가 있다(수원지방법원 2013.8.22. 선고, 2013나8981 판결).

이제 에피소드로 돌아가 보자. 김 팀장은 면담 시 면담 내용이 녹음될 수도 있다는 것을 전제하는 것이 좋을 듯하다. 그리고 만에 하나 직원이 녹음을 하는 행위가 부담된다면 사전에 서로 면담 내용을 녹음하지 않도록 동의를 구한 후 면담하는 것도 좋은 방법이 될 수 있을 것이다. 그러나 서로 녹음하지 않기로 합의한 경우라 할지라도 녹음이 이뤄질 가능성을 완전히 배제할 수는 없다. 따라서 리더는 대화 시 매우 신중할 필요가 있다. 이제 마음을 터놓고 이야기도 할 수 없다고 생각하니 또 씁쓸한 생각이 든다.

더 알아보기

» 판례

녹취에 대한 판단

'감청'이라는 것은 제3자가 전기 통신의 당사자인 송신인과 수신인 동의를 받지 아니하고 이를 몰래 듣는 것을 의미하는 것이므로, 전기 통신에 해당하는 전화 통화 당사자 일방이 상대방 모르게 통화 내용을 녹음하는 것은 여기서 말하는 감청에 해당하지 아니하고, 따라서 전화 통화 당사자 일방이 상대방 몰래 통화 내용을 녹음하더라도, 대화 당사자 일방이 상대방 모르게 그 대화 내용을 녹음한 경우와 마찬가지로 통신비밀보호법 위반이 되지 아니한다(대법원 2002.10.8. 선고, 2002도123 판결).

새로운 읽을거리

인사평가 피드백은 왜 이렇게 어려울까요?

인사평가 시즌이 되면 리더들이 가장 힘들어 하는 절차가 있습니다. 바로 인사평가 피드백입니다. 인사평가 피드백이란 인사평가 결과를 알려주는 것인데요. 피드백 면담이 너무 어려워서 인사평가 피드백을 생략하는 기업도 꽤 많은 것이 현실입니다(이러한 경우 구성원은 연봉인상률로 본인의 평가등급을 추정합니다). 인사평가 피드백은 왜 이렇게 어려울까요? 여러 가지 이유가 있겠지만 크게 3가지 정도로 설명드려보겠습니다.

첫 번째 목표합의가 제대로 되지 않았기 때문입니다. 대부분의 기업은 목표합의 시 실질적인 논의 없이 형식적인 자료 작성 수준으로 목표를 설정합니다. 목표합의가 제대로 되지 않은 상태에서 인사평가가 가능할까요? 무엇이 잘한 것이고 무엇이 잘못한 것이지를 판단하는 것이 매우 어렵게 됩니다. 구성원은 '나는 1년 동안 정말 열심히 일했으니 좋은 평가등급을 주세요'라고 말합니다. 이런 상황에서 이루어진 인사평가 결과를 피드백하려고 하니 정말 난감할 수밖에 없습니다. 또한 목표합의를 하더라도 목표의 수준을 너무 낮게 잡는 경우가 많습니다. 대부분의 구성원이 목표를 달성하는 상태에서는 피드백이 큰 의미를 갖기 어려울 것입니다. 따라서 도전적인 목표합의는 인사평가 피드백의 전제조건이라고 보아야 합니다.

두 번째 평가등급 운영방식입니다. 우리나라 대부분의 기업은 S(10%), A(20%), B(40%), C(20%), D(10%) 라는 상대평가 성격의 평가등급을 사용합니다. 이러한 평가등급의 순위에 의한 등급결정이라는 불합리성과 함께 대부분의 인원이 평가등급에 불만을 가질 가능성이 높습니다. 왜냐하면 B등급 이하가 70%이기 때문입니다. 여러분은 B등급을 받으면 어떤 생각이 드나요? 아마 만족하는 경우는 거의 없을 것입니다. 그러나 우리는 지금까지 대부분의 직원에게 부정적인 메시지를 주면서 이를 받아들이라고 했던 것입니다. 최근 대기업을 중심으로 평가등급을 Excellence(EX : 임의분포) Very Good(VG : 20%), Good(GD : 60%), Need Improvement(NI : 20%), Unsatisfactory(UN : 임의분포)로 변경하고 있습니다. 이러한 변화는 완전한 절대평가의 변화는 아니기 때문에 여전히 상대평가라는 한계는 존재합니다. 그러나 평가등급을 절대평가 성격으로 변경하는 의미와 함께 보다 많은 구성원에게 긍정적인 메시지를 주는 효과가 있습니다. 이러한 변화의 핵심은 자신의 역할을 제대로 수행한 직원에게 Good 등급을 주는 것입니다. 여러분은 Good을 받으시면 기분이 어떠신가요? 아마 나쁘지 않을 것입니다. 정상적인 조직이라면 대부분의 직원들은 자신의 역할을 충실히 수행합니다. 따라서 대부분의 직원이 Good 이상의 평가를 받는 것은 전혀 이상하지 않으며 매우 당연합니다. 이와 같이 평가등급의 변화를 통해 평가에 대한 수용성을 높이고 인사평가 피드백을 보다 수월하게 진행할 수 있습니다.

세 번째 인사평가의 예측가능성 부족입니다. 왜 구성원은 인사평가 결과를 받아들이지 않을까요? 바로 내가 생각했던 결과와 다르기 때문입니다. 나는 좋은 평가가 나올 것이라고 생각했는데 그와 상반된 결과가 나오기 때문에 수용하지 않는 것입니다. 따라서 인사평가 시 평가결과의 예측가능성을 높여야 합니다. 예측가능성을 높이는 대표적인 방법은 수시코칭을 강화하는 것입니다. 수시코칭을 통하여 리더는 구성원의 업무성과에 대한 의견을 지속적으로 제시해야 합니다. 이러한 공식적 또는 비공식적 수시코칭은 평가등급에 대한 예측가능성을 높이고 나아가 평가의 수용성을 향상시키게 됩니다. 인사평가에서 서프라이즈(surprise)는 금물입니다. 우리는 운전할 때 네비게이션을 사용하는 이유는 무엇일까요? 길을 알기 위한 목적과 함께 도착예정시간을 알기 위해서입니다. 네비게이션은 도착예정시간을 미리 알려주기 때문에 차가 막혀서 약속시간에 늦는 경우에도 '앗 늦었네!'라고 깜짝 놀라지 않습니다. '아~ 늦을 줄 알았어'라고 속으로 말합니다. 우리는 인사평가 시 네비게이션과 같이 수시로 메시지를 전달하여 평가결과를 예측할 수 있도록 해야 합니다.

지금까지 인사평가 피드백이 어려운 이유에 대해서 살펴보았습니다. 인사평가 피드백은 피드백 자체가 어려운 것이 아니라 성과관리 시 평소에 해야 할 것을 하지 않았기 때문에 더욱 어려워 진 것입니다. 이제 도전적인 목표합의, 평가등급 운영방식 변경, 수시코칭 등 정상적인 성과관리를 실시하고 인사평가 피드백에 도전해 보면 어떨까요?

리더를 위한 에피소드 노동법

노동법 좀 아는 리더!!!

Ⅶ 직장 내 괴롭힘·성희롱 *Episode*

#1. 업무수행 시 질책한 것을 직장 내 괴롭힘이라고 주장합니다. 도대체 어디까지가 직장 내 괴롭힘에 해당하나요?

#2. 회의에서 배제시킨 것이 직장 내 괴롭힘에 해당하나요?

#3. 직장 내 괴롭힘으로 확인된 경우 반드시 인사조치를 해야 하나요?

#4. 서로 친구처럼 잘 지냈는데, 직장 내 성희롱을 당했다고 주장합니다.

Episode
#1

업무수행 시 질책한 것을 직장 내 괴롭힘이라고 주장합니다. 도대체 어디까지가 직장 내 괴롭힘에 해당하나요?

김 팀장은 오늘 하루 종일 업무가 손에 잡히지 않는다. 아침에 신입사원으로부터 충격적인 이야기를 들었기 때문이다.

"팀장님, 드릴 말씀이 있습니다."

"어제 업무연락 관련해서 지적하시지 않으셨습니까? 저는 이게 직장 내 괴롭힘이라고 생각합니다." "저는 다른 사람 앞에서 모욕감을 느꼈습니다."

"뭐라고요? 어제 업무연락 지적한 일 말하는 거예요? 신입사원이니까 업무를 제대로 배우라는 차원에서 말한 것을 직장 내 괴롭힘이라니…. 참 할 말이 없네요."

김 팀장은 어제 다른 팀원들이 보는 앞에서 신입사원이 작성한 업무연락과 관련해 오타, 띄어쓰기, 마침표 오류를 지적하고 재작성을 지시했다. 김 팀장은 신입사원을 제대로 교육하고 싶은 순수한 마음이었지 다른 목적은 전혀 없었다. 그러나 신입사원은 자신이 직장 내 괴롭힘을 당했다고 주장하는 것이다.

'과연 어디까지가 직장 내 괴롭힘에 해당하는 것일까?' 이게 직장 내 괴롭힘에 해당한다면 직원과의 소통을 어떻게 해야 할지 참 답답하기만 하다.

2019년 7월 16일부터 직장 내 괴롭힘 금지가 시행되었다. 요즘 리더들을 만나면 한결같이 직원들 업무에 대해 지적하기가 부담스럽다고 말한다. 혹시 직장 내 괴롭힘 문제로 이어질까 봐 두려운 것이다. 직장 내 괴롭힘 금지는 본래 직장의 잘못된 문화를 바로잡기 위해서 제정되었다. 그러나 내용을 잘못 이해하면 소극적 리더십 문제 등 일터에서 다른 부작용이 생길 수 있기 때문에 주의가 필요하다.

직장 내 괴롭힘이란 "사용자 또는 근로자가 직장에서의 지위 또는 관계 등의 우위를 이용하여 업무상 적정범위를 넘어 다른 근로자에게 신체적·정신적 고통을 주거나 근무환경을 악화시키는 행위"라고 규정하고 있다(근로기준법 제76조의2).

해당 조문을 좀 더 세부적으로 살펴보면 직장 내 괴롭힘에 대한 요건을 확인할 수 있다.

첫째, 직장에서의 지위 또는 관계 등의 우위를 이용해야 한다.

둘째, 업무상 적정범위를 넘어야 한다.

셋째, 다른 근로자에게 신체적·정신적 고통을 주거나 근무환경을 악화시키는 행위가 존재해야 한다.

이 3가지 요건을 모두 충족하는 경우에 직장 내 괴롭힘에 해당하는 것으로 판단하게 된다.

이제 에피소드로 돌아가 보자. 이 경우는 과연 직장 내 괴롭힘에 해당할까? 첫째, 팀장이 팀원에게 한 행위이기 때문에 지위의 우위가 인정된다(요건 충족). 둘째, 업무연락에 대해 지적하고 재작성을 요구한 것이 업무상 적정범위를 넘은 것인지에 대해서는 깊이 있는 조사가 필요하다. 그러나 상식적으로 볼 때 업무상 범위 내로 판단될 가능성이 높다(추가 검토가 필요). 셋째, 정신적 고통에 대해서는 근로자의 주관적인 판단이 존중되어야 하기 때문에 정신적 고통이 있었다고 볼 수 있을 것이다(요건 충족).

그렇다면 핵심적인 사항은 업무상 적정범위를 넘었는지 여부가 될 것이다. 필자의 사견을 전제로 할 때 김 팀장의 행위는 사회통념상 인정되는 업무상 지적에 해당하기 때문에 직장 내 괴롭힘으로 판단하기는 어려울 것으로 보인다. 물론 김 팀장이 의도적으로 다른 사람들 앞에서 모욕감을 주기 위해서 신입사원에게 특별한 행동(고성 또는 욕설)을 한 경우라면 직장 내 괴롭힘으로 판단될 수 있다.

이번 에피소드는 여러 가지 생각을 하게 한다. 직장 내 괴롭힘은 우리 사회에서 사라져야 한다. 그러나 리더의 정상적인 리더십이 직장 내 괴롭힘으로 오해받아서는 안 된다. 향후 직장 내 괴롭힘과 관련한 다양한 사례가 축적될 것으로 보인다. 그때까지 직장 내 괴롭힘 판단과 관련한 혼란은 불가피할 것으로 생각된다.

직장 내 괴롭힘 판단기준

지위 또는 관계 등의 우위 이용 — 업무상 적정범위 — 신체적 · 정신적 고통 또는 근무환경을 악화시키는 행위

더 알아보기

» 근로기준법

제76조의2(직장 내 괴롭힘의 금지)

사용자 또는 근로자는 직장에서의 지위 또는 관계 등의 우위를 이용하여 업무상 적정범위를 넘어 다른 근로자에게 신체적 · 정신적 고통을 주거나 근무환경을 악화시키는 행위(이하 "직장 내 괴롭힘"이라 한다)를 하여서는 아니 된다.

Episode
#2

회의에서 배제시킨 것이 직장 내 괴롭힘에 해당하나요?

오늘 오후, 김 팀장은 영업팀에서 직장 내 괴롭힘 신고가 접수되었다는 이야기를 전해들었다. 영업팀 강 팀장은 성격이 괄괄하기는 하지만 직원을 이끄는 리더십은 좋은 편으로 평가받고 있다. 워낙 터프한 성격 때문에 직원과 마찰도 종종 일어나곤 했지만 워낙 영업실적이 좋아서 차기 임원 1순위라는 이야기까지 돌고 있던 차였다.

그런데 이번 건은 좀 심각한 것 같다. 영업팀 조 대리가 강 팀장을 직장 내 괴롭힘으로 공식적인 신고를 한 것이다. 강 팀장은 항상 "매출이 인격이다."라는 말을 입에 달고 다녔다. 매출실적이 부진한 직원에게는 엄청난 압박을 가했다. 대표적인 것이 매출실적 부진자는 주간 업무회의에 참여하지 못하도록 하는 제도이다. 이번 상반기에 조 대리가 영업실적 최하위를 차지했고, 강 팀장은 조 대리를 주간업무회의에 참석하지 못하게 한 모양이다. 그런데 조 대리가 "회의 참석을 배제시키는 것은 직장 내 괴롭힘에 해당한다."라고 공식적으로 인사팀에 문제를 제기하고 나선 것이다.

김 팀장은 이번 건이 어떻게 처리될지 정말 궁금하다. '상식적으로 회의 시 참석배제는 잘못된 것이 분명하지만, 이러한 행위도 직장 내 괴롭힘에 해당할까?'

직장 내 괴롭힘 금지가 시행되면서 리더의 구체적인 행위가 직장 내 괴롭힘 금지에 해당하는지를 판단해야 하는 경우가 종종 발생한다. 근로기준법 제76조의2에서는 “직장 내 괴롭힘이란 사용자 또는 근로자는 직장에서의 지위 또는 관계 등의 우위를 이용하여 업무상 적정범위를 넘어 다른 근로자에게 신체적·정신적 고통을 주거나 근무환경을 악화시키는 행위”라고 규정하고 있다. 그러나 실무적으로는 이와 같은 정의 규정에 의해서 직장 내 괴롭힘을 판단하는 것은 쉽지 않다. 또한 아직까지 국내에서는 판례 또는 행정해석도 많지 않아서 비슷한 사례를 찾기도 어렵다.

이와 같은 사정을 고려해서 고용노동부가 해외 매뉴얼을 토대로 직장 내 괴롭힘에 해당될 가능성이 높은 사례를 정리해놓은 자료가 있으니 참고하면 좋을 것 같다. 고용노동부 매뉴얼을 기준으로 직장 내 괴롭힘에 해당하는 것으로 예상되는 대표적인 사례에 대해 살펴보자.

첫째, ‘정당한 이유 없이 퇴사를 강요하는 행위’이다. 많은 기업에서 희망퇴직이라는 명분으로 퇴직을 권고하거나 강요하는 경우가 있다. 이제 이러한 관행은 직장 내 괴롭힘에 해당할 가능성이 높다.

둘째, ‘다른 사람들 앞에서 모욕감을 주는 행위’이다. 일부 리더는 공식적인 회의 도중 또는 다른 사람이 보는 앞에서 질책을 한다. 이는 공개적인 질책을 통하여 조직의 분위기를 환기시키거나 조직의 긴장감을 높이기 위한 목적이 있는 것일 수 있다. 그러나 이제는 이러한 리더십 스타일도 직장 내 괴롭힘에 해당할 가능성이 있다.

셋째, '정당한 이유 없이 승진에서 탈락시키는 경우'이다. 지금까지 승진 탈락자는 자신의 승진 탈락에 대해서 비공식적으로 확인해보는 것이 일반적이었다. 그러나 이제 성과와 역량이 높은 직원이 승진에 탈락했을 경우 직장 내 괴롭힘으로 문제를 제기할 가능성도 배제할 수 없다.

이제 에피소드로 돌아가 보자. 고용노동부 매뉴얼은 '정당한 이유 없이 업무와 관련된 중요한 정보제공이나 의사결정 과정에서 배제시키는 행위'를 직장 내 괴롭힘의 예시로 제시하고 있다. 그렇다면 상기 에피소드의 경우 성과부진이라는 이유는 주간업무회의의 정당한 배제 사유가 되기 어렵기 때문에 강 팀장의 행위는 직장 내 괴롭힘에 해당할 가능성이 높은 것으로 판단된다.

더 알아보기

직장 내 괴롭힘 행위의 예시

직장 내 괴롭힘은 그 양태가 매우 다양해서 모든 행위 유형을 열거 · 규정할 수 없으나 KICQ(Korea Interpersonal Conflict Questionnaire) 등 직장 내 괴롭힘 피해 진단항목, 일본 · 호주 등 해외 매뉴얼 등을 토대로 직장 내 괴롭힘으로 포섭될 가능성이 있는 행위를 예시하면 아래와 같음.

- 정당한 이유 없이 업무 능력이나 성과를 인정하지 않거나 조롱함
- 정당한 이유 없이 훈련, 승진, 보상, 일상적인 대우 등에서 차별함

- 다른 근로자들과는 달리 특정 근로자에 대하여만 근로계약서 등에 명시되어 있지 않는 모두가 꺼리는 힘든 업무를 반복적으로 부여함
- 근로계약서 등에 명시되어 있지 않는 허드렛일만 시키거나 일을 거의 주지 않음
- 정당한 이유 없이 업무와 관련된 중요한 정보제공이나 의사결정 과정에서 배제시킴
- 정당한 이유 없이 휴가나 병가, 각종 복지혜택 등을 쓰지 못하도록 압력 행사
- 다른 근로자들과는 달리 특정 근로자의 일하거나 휴식하는 모습만을 지나치게 감시
- 사적 심부름 등 개인적인 일상생활과 관련된 일을 하도록 지속적, 반복적으로 지시
- 정당한 이유 없이 부서이동 또는 퇴사를 강요함
- 개인사에 대한 뒷담화나 소문을 퍼뜨림
- 신체적인 위협이나 폭력을 가함
- 욕설이나 위협적인 말을 함
- 다른 사람들 앞이나 온라인상에서 나에게 모욕감을 주는 언행을 함
- 의사와 상관없이 음주/흡연/회식 참여를 강요함
- 집단 따돌림
- 업무에 필요한 주요 비품(컴퓨터, 전화 등)을 주지 않거나, 인터넷 · 사내 네트워크 접속을 차단함

직장 내 괴롭힘 판단 및 예방 · 대응 매뉴얼
2019.2, 고용노동부

Episode

#3

직장 내 괴롭힘으로 확인된 경우 반드시 인사조치를 해야 하나요?

김 팀장은 영업팀의 직장 내 괴롭힘 건이 어떻게 진행되고 있는지 궁금했다. 그래서 발이 넓은 조 과장을 살짝 불러 상황을 물어보았다.

"조 과장, 영업팀 직장 내 괴롭힘 건 어떻게 진행되고 있는지 좀 알아요?"

"인사팀에서 바로 조사를 시작했대요. 조 대리 딱 부러지는 성격상 괜히 시간 끌다가는 여기저기로 불똥이 튈 수도 있다고 본 것 같아요."

"벌써 조사를 시작했구나…. 조사는 누구누구를 하는 건가요?"

"일단 조 대리랑 강 팀장 말을 들어보겠죠. 그런데 이번 건은 영업팀원들도 면담을 했대요. 회의 참석 배제 건이니까 팀원에게 물어보는 게 제일 확실하겠죠."

"그렇군요. 결과가 어떻게 나올지 궁금하네."

"그런데요, 조 대리가 본인은 해외영업팀으로 옮겨주고 강 팀장은 보직해임을 요청했다고 하네요."

"자신은 보직 변경하고 강 팀장은 면팀장을 시키라고?"

"네, 정말 장난이 아니에요. 직장 내 괴롭힘 정말 무섭네요."

김 팀장은 직장 내 괴롭힘의 경우 피해근로자가 어떤 수준까지 요구를 할 수 있는지 궁금해졌다. '아무리 직장 내 괴롭힘을 당했다고는 하지만 회사가 피해 직원의 요구를 모두 들어 줄 수는 없지 않을까?'

직장 내 괴롭힘 신고가 접수되면 법에서 정한 절차에 따라 조사 등을 진행해야 한다. 일부 기업의 경우 직장 내 괴롭힘 금지 사건에 대해서 내부적으로 적당히 무마하려고 했다가 큰 사건으로 확대되는 일도 있었다.

먼저 직장 내 괴롭힘 사건이 접수되면 인사팀은 당사자와 면담을 통해서 피해근로자의 요구사항을 파악하는 것이 중요하다. 만약 이 단계에서 피해자가 행의자의 사과 등 당사자 간 합의를 원하는 경우에는 약식조사를 통해서 사실관계를 확인한 후 당사자 간 합의를 통해서 사건을 종결할 수 있다.

그러나 피해자가 정식조사를 요구하는 경우에는 정식조사 절차에 착수해야 한다. 정식조사는 보통 '① 조사위원회 구성 → ② 면담 또는 서면조사 시행 → ③ 조사보고서 작성 → ④ 사업주 보고 및 인사조치 시행' 등의 절차를 거치게 된다. 일부 기업의 경우 직장 내 괴롭힘으로 확인되었음에도 불구하고 아무런 조치를 하지 않아서 추가적인 문제가 발생하기도 했다.

조사 결과 직장 내 괴롭힘으로 확인된 경우 행위자에 대하여 반드시 징계 등의 조치를 해야 한다. 물론 징계 수위는 회사가 해당 사안의 경중에 따라서 판단하면 된다. 또한 피해근로자가 배치전환과 유급휴가 등을 요청하는 경우에는 적절한 조치를 하는 것이 필요하다.

이제 에피소드로 돌아가 보자. 조사 결과 영업팀 강 팀장은 직장 내 괴롭힘 행위를 한 것으로 확인되었다. 그리고 피해근로자인 조 대리는 해외영업팀으로 배치전환과 강 팀장의 보직해임을 요구했다. 이러한 요구에 대하여 회사가 무조건 조 대리의 요구대로 해야만 하는 것은 아니다. 그러나 조 대리의 요구에 대하여 회사차원의 검토를 거쳐 적절한 조치를 취하는 것이 반드시 필요하다는 점을 기억해야 한다.

더 알아보기

» 근로기준법

제76조의3(직장 내 괴롭힘 발생 시 조치)

① 누구든지 직장 내 괴롭힘 발생 사실을 알게 된 경우 그 사실을 사용자에게 신고할 수 있다.

④ 사용자는 제2항에 따른 조사 결과 직장 내 괴롭힘 발생 사실이 확인된 때에는 피해근로자가 요청하면 근무장소의 변경, 배치전환, 유급휴가 명령 등 적절한 조치를 하여야 한다.

⑤ 사용자는 제2항에 따른 조사 결과 직장 내 괴롭힘 발생 사실이 확인된 때에는 지체 없이 행위자에 대하여 징계, 근무장소의 변경 등 필요한 조치를 하여야 한다. 이 경우 사용자는 징계 등의 조치를 하기 전에 그 조치에 대하여 피해근로자의 의견을 들어야 한다.

Episode
#4

서로 친구처럼 잘 지냈는데, 직장 내 성희롱을 당했다고 주장합니다.

김 팀장은 요즘 마케팅팀장으로서의 일보다 직원관리에 더 많은 시간을 쓰고 있는 것 같다. 지난달에는 직장 내 괴롭힘 문제로 홍역을 치렀는데 이번에는 직장 내 성희롱 문제가 발생했다.

박진환 사원과 이유미 사원은 입사시기도 비슷하고 나이도 동갑이어서 서로 친구처럼 잘 지냈다. 사이가 가깝다보니 업무 중에 서로 농담도 많이 하고 남들 보기에 좀 민망한 신체접촉도 하곤 했다. 특히 박진환 사원은 자주 이유미 사원의 옆구리를 손가락으로 쿡쿡 찌르는 장난을 쳤다. 그런데 최근 바겐세일 준비를 하면서 두 사람 사이에 업무상 작은 마찰이 일어났고, 저번주에는 마케팅 회의시간에 서로 언성을 높이는 일까지 발생했다.

이러한 상황에서 어제 갑자기 이유미 사원이 박진환 사원으로부터 직장 내 성희롱을 당했다며 인사팀에 신고한 것이다. 이유미 사원은 장난하듯 본인의 옆구리를 쿡쿡 찌른 박진환 사원의 행위가 직장 내 성희롱에 해당한다고 주장하고 있다.

김 팀장은 여러 가지 생각이 동시에 오버랩되었다. '평소에 친구처럼 잘 지내다가 서로 갈등이 생기니 성희롱 문제로 이어지는구나' 리더로서 조직관리에 대한 고민이 계속 깊어진다.

직장 내 성희롱 문제가 조직의 핵심이슈로 등장한 지는 꽤 오래되었다. 이제 대부분의 리더와 직원들은 업무수행 시 또는 회식자리에서 성희롱 문제가 생기지 않도록 각별히 조심한다. 예를 들어, 회식은 1차 식사로 마무리한다거나 노래방에서 오해받을 만한 행동을 하지 않는 등이다. 이제 서로 조심하는 것이 직장문화로 자리매김한 것으로 보인다.

그러나 최근 직장 내 성희롱 문제는 다양한 경우로 확대되어 지속적으로 발생하고 있다. 직장 내 성희롱이란 "사업주 · 상급자 또는 근로자가 직장 내의 지위를 이용하거나 업무와 관련하여 다른 근로자에게 성적 언동 등으로 성적 굴욕감 또는 혐오감을 느끼게 하거나 성적 언동 또는 그 밖의 요구 등에 따르지 아니했다는 이유로 근로조건 및 고용에서 불이익을 주는 것"을 말한다(남녀고용평등 및 일 · 가정 양립에 관한 법률 제2조 제2호). 그렇다면 직장 내 성희롱의 요건을 좀 더 구체적으로 살펴보자.

첫째, 직장 내의 지위를 이용하거나 업무와 관련되어야 한다.

둘째, 근로자에게 성적 언동 등으로 성적 굴욕감 · 혐오감을 느끼게 한 경우여야 한다. 또는 성적 요구에 따르지 아니했다는 이유로 불이익을 준 경우여야 한다.

이제 에피소드로 돌아가 보자. 첫째, 박진환 사원은 업무 중에 이유미 사원의 옆구리를 손가락으로 쿡쿡 찔렀다. 개인적인 관계라고 볼 수도 있지만 넓게 본다면 업무 중 발생한 일이기 때문에 업무와의 관련성이 인정될 수 있을 것으로 보인다. 둘째, 상대방의 옆구리를 찌르는 행위는 본인 입장에서 성적 굴욕감을 충분히 느낄 수 있는 행위라고 보여진다. 결국 박진환 사원의 행위는 직장 내 성희롱으로 판단될 가능성이 매우 높다.

김 팀장은 이제 팀장으로서 조직을 어떻게 관리할지에 대해서 좀 더 고민이 필요할 것 같다. 평소에 성희롱으로 오해받을 만한 행동을 하는 직원이 있다면 미리 주의를 주는 것이 필요하지 않을까 생각된다.

직장 내 성희롱 vs. 직장 내 괴롭힘

직장 내 성희롱	직장 내 괴롭힘
• 사업주 · 상급자 또는 근로자가 직장 내의 지위를 이용하거나 업무와 관련하여 • 다른 근로자에게 성적 언동 등으로 성적 굴욕감 또는 혐오감을 느끼게 하거나 • 성적 언동 또는 그 밖의 요구 등에 따르지 아니하였다는 이유로 근로조건 및 고용에서 불이익을 주는 것	• 사용자 또는 근로자는 직장에서의 지위 또는 관계 등의 우위를 이용하여 • 업무상 적정범위를 넘어 • 다른 근로자에게 신체적 · 정신적 고통을 주거나 근무환경을 악화시키는 행위

더 알아보기

» 남녀고용평등 및 일 · 가정 양립에 지원에 관한 법률

제2조(정의)

2. "직장 내 성희롱"이란 사업주 · 상급자 또는 근로자가 직장 내의 지위를 이용하거나 업무와 관련하여 다른 근로자에게 성적 언동 등으로 성적 굴욕감 또는 혐오감을 느끼게 하거나 성적 언동 또는 그 밖의 요구 등에 따르지 아니했다는 이유로 근로조건 및 고용에서 불이익을 주는 것을 말한다.

새로운 읽을거리

직장 내 괴롭힘,
어떻게 예방할 수 있을까?

직장 내 괴롭힘 금지법이 시행된 지 벌써 2년이 되었다. 법 시행을 통해 직장 내 괴롭힘에 대한 인식 수준은 올라갔지만 일터에서 여전히 직장 내 괴롭힘은 발생하고 있다. 직장 내 괴롭힘이 발생하였을 때 법에서 정한 절차에 따라서 조치하는 것은 중요하다. 그러나 직장 내 괴롭힘 발생을 사전에 예방할 수 있다면 더욱 효과적인 직장 내 괴롭힘 대응책이 될 것이다. 따라서 이제 일터에서 직장 내 괴롭힘을 예방하기 위한 방안을 고민해야 할 시점이 왔다고 생각한다.

아래 표는 직장 내 괴롭힘에 해당할 가능성이 있는 행위를 인사제도와 연계하여 분석한 결과이다. 직장 내 괴롭힘의 상당부분이 인사제도와 관련되어 있다는 것을 알 수 있다. 예를 들어 '정당한 이유 없이 업무능력이나 성과를 인정하지 않거나 조롱하는 행위'를 살펴보자, 즉, 본인은 열심히 일했다고 생각하는 직원이 인사평가 결과에 대해서 직장 내 괴롭힘으로 주장할 수 있다는 것이다. 또한 '정당한 이유 없이 훈련, 승진, 보상 일상적인 대우 등에서 차별하는 행위'는 무슨 의미일까? 승진 시 누락한 직원이 직장 내 괴롭힘이라고 주장하는 일이 발생할 수 있다는 것이다. 물론 이러한 주장이 모두 직장 내 괴롭힘으로 인정되지는 않을 것이다. 그러나 인사제도의 합리성이 결여된 경우에는 직장 내 괴롭힘 문제로 이어질 수 있다. 이와 같이 직장 내 괴롭힘은 인사제도와 매우 밀접하게 연계되어 있기 때문에 직장 내 괴롭힘을 예방하기 위해서는 인사제도의 변화를 고민하는 필요하다고 볼 수 있다.

직장 내 괴롭힘으로 포섭될 가능성이 있는 행위 예시(일부)

구분	주요내용	인사제도 연계 여부
1	• 정당한 이유 없이 업무 능력이나 성과를 인정하지 않거나 조롱함	인사평가
2	• 정당한 이유 없이 훈련, 승진, 보상 일상적인 대우 등에서 차별함	보상제도, 승진제도

※ 직장 내 괴롭힘 판단 및 예방·대응 매뉴얼(2019.2) –고용노동부–

필자는 리더를 대상으로 직장 내 괴롭힘 예방 교육을 꾸준히 시행하고 있다. 그런데 직장 내 괴롭힘 예방 교육을 하다보면 강사로서 받는 느낌이 있다. 리더들이 직장 내 괴롭힘 교육에 대해서 매우 불쾌하게 생각한다는 점이다. 즉, 회사가 리더를 직장 내 괴롭힘의 잠재적 가해자로 여기는 것에 대해서 이의를 제기하는 것이다. 리더들은 이렇게 묻기도 한다. “왜 우리를 직원을 괴롭히는 나쁜 사람으로 가정하시고 말씀하시나요?” 다음으로 리더들이 많이 위축되어 있다는 점이다. 교육 시 대부분의 시간이 직장 내 괴롭힘으로 볼 수 있는 행동에 대해서 설명하는 것에 할애된다. 따라서 리더가 점점 적극적인 리더십을 발휘하기 어려워지고 있는 것이다. 리더들은 서로 이렇게 이야기하기도 한다. “이제는 아무 말도 하지 말아야겠구먼, 무슨 말을 해도 직장 내 괴롭힘으로 문제가 될 수 있잖아. 우리 이제 문자로 일하자구…” 필자는 이러한 모습을 보면서 직장 내 괴롭힘 문제를 리더의 책임으로만 보아서는 곤란하다는 생각을 하게 되었다.

이제 인사제도적인 측면에서 직장 내 괴롭힘을 예방할 수 있는 방안을 마련해야 한다. 인사제도적인 변화와 리더의 변화가 함께 이루어질 때 실질적인 직장 내 괴롭힘 예방이 가능할 것이다. 직장 내 괴롭힘이 없어지는 그 날을 기대하며 조금만 더 힘을 내 보자

HR Insight 2021년 8월호 김복수 기고문 수정

리더를 위한 에피소드 노동법

노동법 좀 아는 리더!!!

리더를 위한 에피소드 노동법

노동법 좀 아는 리더!!!

Ⅷ 채 용 Episode

#1. 면접 시 조심해야 하는 질문은 무엇일까요?

#2. 채용을 확정한 직원을 회사 사정상 채용을 취소할 수 있나요?

#3. 시용 후 정식채용을 거부하는 경우 해고에 해당하나요?

#4. 근로계약서에 서면으로 명시해야 하는 사항은 무엇인가요?

Episode
#1

면접 시 조심해야 하는 질문은 무엇일까요?

김 팀장은 오늘 면접을 조 과장과 함께 진행했다. 그런데 면접 중간에 조 과장이 황당한 질문을 했다.

"혹시 아버지는 무슨 일을 하시나요?"

"네? 아버지는 공무원 퇴직하시고 공공기관에서 일하고 계십니다."

"그럼 혹시 어느 기관에서 일하세요?"

"아…. 그런 내용을 말씀드려도 되나요?"

김 팀장은 서둘러 주제를 직무 관련 내용으로 전환했다. 그런데 조 과장이 또 다시 면접자에게도 이상한 질문을 한 것이다.

"고향이 어디신가요? 사투리를 좀 쓰시는 것 같아서요."

"네? 저는 사투리를 안 쓰는데요…. 고향은 거제도입니다."

지원자의 목소리에서 불쾌한 감정이 느껴졌다. 면접이 끝난 후 김 팀장은 조 과장에게 결국 언성을 높이고 말았다.

"조 과장! 채용 시 지원자의 고향이나 부모님 직업을 물어보면 안 되는 거 모르나요? 채용절차법 안 들어봤어요?"

"아니, 그런 법이 있습니까?"

김 팀장은 너무 답답하고 화가 났지만 일단 대화를 마무리했다. 리더의 면접역량 교육의 필요성을 절감하는 하루다.

최근 기업들은 수시채용을 지속적으로 확대하고 있다. 이러한 변화 속에서 팀의 리더가 채용면접을 진행하는 경우가 종종 발생한다. 이때 리더들은 자신이 입사할 때 경험한 면접 등을 생각하면서 질문을 하는 경우가 일반적이다.

그러나 시대가 변했고 기준도 바뀌었다. 이제 리더는 채용과 관련한 법률을 알아야 한다. 바로 채용절차의 공정화에 관한 법률이다. 또한 최근 채용절차 공정화에 관한 법률 중 개인정보 수집과 관련한 개정사항이 있었기 때문에 더욱 유의해야 한다. 법 개정 내용의 핵심은 구직자의 직무수행에 필요하지 아니한 정보를 요구하거나 수집할 수 없도록 규정한 것이다. 대표적으로 구직자의 출신지역, 혼인여부, 재산 등이 있다. 그리고 직계 존비속(부모님 또는 자녀)과 형제자매의 학력, 직업, 재산 등이 있다. 구직자의 용모, 키, 체중 등 신체적인 조건 또한 당연히 금지 대상에 포함된다.

면접 질문 체크리스트

개인정보 요구 금지 항목	면접 시 문제가 되는 질문 예시
구직자의 출신지역, 혼인여부, 재산	• 고향이 어디에요? • 결혼은 했나요? • 집은 자기 소유인가요?
구직자의 직계 존비속 및 형제자매의 학력, 직업, 재산	• 부모님은 뭐하세요? • 가족 중에 ○○○에 다니시는 분 계신가요? • 가족 중에 ○○○학교 출신 계세요?
구직자의 용모, 키, 체중	• 얼굴의 흉터는 언제 생긴 건가요? • 키가 몇인가요?

이제 에피소드로 돌아가 보자. 김 팀장이 조 과장에게 화가 나는 것은 이해한다. 그러나 조 과장은 정말 몰라서 그런 질문을 한 것이다. 따라서 인사팀에서 수시채용 전 면접관들에게 면접 기본 교육을 실시하는 것이 필요해 보인다. 또한 상기 에피소드에서 해당 구직자가 탈락한다면 면접 질문을 문제 삼아 고용노동부에 진정 또는 고소하는 일도 발생할 수 있다. 이제는 조금 더 체계적인 면접 프로세스를 준비할 시점이 된 것 같다.

더 알아보기

채용절차의 공정화에 관한 법률

제4조의3(출신지역 등 개인정보 요구 금지)

구인자는 구직자에 대하여 그 직무의 수행에 필요하지 아니한 다음 각 호의 정보를 기초심사자료에 기재하도록 요구하거나 입증자료로 수집하여서는 아니 된다.

1. 구직자 본인의 용모 · 키 · 체중 등의 신체적 조건
2. 구직자 본인의 출신지역 · 혼인여부 · 재산
3. 구직자 본인의 직계 존비속 및 형제자매의 학력 · 직업 · 재산

Episode
#2

채용을 확정한 직원을 회사 사정상 채용을 취소할 수 있나요?

요즘 경기가 심상치 않다. 외부 환경이 이렇다 보니 예담 아웃도어의 매출도 계속 하락하고 있다. 올해는 당기순이익을 낼 수 있을지도 불투명한 상황이다.

김 팀장은 오늘 경영전략 회의에서 충격적인 소식을 들었다. 지금까지 준비해온 온라인 플랫폼 사업을 일시 중단한다는 것이다. 그런데 갑자기 지난주에 최종 합격통지를 한 신입사원이 떠올랐다. 김 팀장은 인사팀 서 대리에게 급히 전화를 했다.

"서 대리, 오늘 사장님이 온라인 플랫폼 사업 진행을 중지하라고 말하신 것 들었죠? 그런데 지난주에 우리 팀 신입사원 최종합격자 발표를 했잖아요. 바로 다음달 1일부터 출근 예정인데…. 어떻게 해야 되나요?"

"아 신입사원이요. 이것 참 큰일이네요."

"아직 출근 전인데 채용취소하면 되지 않나요?"

"최종합격자에 대한 채용취소가 생각보다 복잡해요. 제가 좀 더 알아보고 연락드릴게요."

김 팀장은 전화를 끊고 생각했다. '최종합격자 발표는 했지만 아직 출근하지 않은 상태니까 채용취소가 가능할 것 같은데. 그런데 그 친구로선 정말 황당한 일이겠다….' 좀처럼 판단하기기 쉽지 않은 상황이다.

채용과정에서 많이 발생하는 분쟁이 채용확정 후 취소하는 경우이다. 실무적으로 채용확정 후 다양한 원인에 의해서 취소해야 하는 경우가 발생한다. 예를 들어, 회사 사정이 급격히 악화된 경우, 진행하려던 사업이 취소된 경우, 수행할 업무내용의 변경이 발생한 경우, 최종합격자의 나쁜 평판을 뒤늦게 확인한 경우 등 채용 취소 사유도 매우 다양하다.

채용 취소의 경우, 아직 근무 시작 전이기 때문에 채용취소가 가능하다고 생각하는 경우가 많다. 그러나 이것은 큰 오해이다. 최종합격자 통지는 '근로계약의 성립'을 의미하기 때문이다. 즉, 최종합격을 통지하는 시점에 근로계약이 성립하는 것이다. 따라서 최종합격 통지 후 채용 취소는 근로기준법상 해고에 해당하게 된다. 실무적으로 보면 최종합격 통지 후 출근예정일을 정하게 된다. 이 경우 임금지급 의무는 출근예정일부터 발생하게 된다는 점도 함께 기억할 필요가 있다.

이제 에피소드로 돌아가 보자. 만약 김 팀장이 출근 예정인 신입사원에게 채용취소 통보를 하면 이는 부당해고에 해당한다. 따라서 회사는 출근 예정인 신입사원을 근무시키는 방향으로 의사결정을 해야 한다. 물론 경영진 입장에서는 왜 채용취소가 어려운지 이해하기 힘들겠지만, 이와 같은 상황에서는 경영진을 설득하는 것이 반드시 필요할 것으로 보인다.

더 알아보기

판례

채용내정의 취소에 대한 판단

피고회사가 1997년 11월경 위 원고에게 채용내정 통지를 함으로써 위 원고와 피고회사 사이에는 근로계약관계가 성립되어 위 원고는 늦어도 입사예정일인 1998.4.6부터는 피고회사의 종업원의 지위에 있으므로, 피고회사는 위 원고에게 입사예정일인 1998.4.6부터 정리해고일인 1999.6.30까지의 임금을 지급할 의무가 있다(대법원 2002.12.10 선고, 2000다25910 판결).

Episode
#3

시용 후 정식채용을 거부하는 경우 해고에 해당하나요?

김 팀장은 요즘 직원 문제로 골머리를 앓고 있다. 이번에는 3개월 전에 시용으로 채용한 경력사원 노재석씨가 문제를 제기한 것이다. 노재석 씨는 유통회사에서 5년 정도 근무한 경력이 있다. 회사는 노재석 씨를 경력사원으로 채용하면서 3개월간 근무한 후 정식채용 여부를 결정하자고 이야기했고 노재석씨도 이에 동의하였다. 그런데 막상 일을 해보니 전문지식이나 업무역량이 기대보다 너무 부족했고 결국 회사는 노재석씨를 채용하지 않기로 결정하고 시용종료를 통지했다.

그런데 노재석 씨가 오늘 아침 김 팀장에게 자신의 시용종료가 해고라고 주장하는 것이다. 본인은 채용공고에 응시하여 합격했고, 사실상 정식직원으로 채용되었기 때문에 시용종료 통보는 해고에 해당한다는 주장이다. 김 팀장은 일단 인사팀에 확인한 후 다시 얘기해보자고 하고 노재석 씨를 돌려보냈다. 김 팀장은 과연 시용으로 채용한 직원에 대해 시용료를 하는 경우도 해고에 해당하는지, 향후 해고 분쟁으로 이어지지는 않을지 불안하기만 하다. '시용 종료도 해고에 해당할까? 그렇다면 시용은 무슨 의미가 있을까?'

시용(試用)은 채용과정에서 가장 빈번하게 발생하는 법적분쟁 주제이다. 상식적으로 입사 후 3개월 이내에 직원에게 문제가 있다는 것을 발견했다면 근로계약을 종료할 수 있다고 생각한다. 그러나 이러한 생각에는 2가지 큰 오해가 존재한다.

첫 번째 오해는 '시용을 아직 근로계약이 체결되지 않았다고 생각'하는 것이다. 그러나 사실은 그렇지 않다. 시용은 실질적으로 근로가 이뤄지기 때문에 당연히 근로계약이 성립된 것으로 본다. 따라서 시용계약을 종료하는 것은 근로기준법상 해고에 해당하게 된다. 물론 시용은 업무능력 또는 성실성 등을 판단하려는 목적이 있기 때문에 보통의 해고보다 덜 엄격한 기준이 적용된다. 이것을 '해약권 유보부 근로계약'이라고 부른다. 조금 어려운 표현이지만 기억해둘 만하다. 시용의 경우 해약권이 유보되어 있기 때문에 회사는 유보된 해약권을 행사할 수도 있고 행사하지 않을 수도 있는 것이다.

그러나 유보된 해약권이 행사되려면 객관적으로 합리적인 이유가 있어야만 시용 종료의 정당성이 인정된다는 점을 반드시 기억해야 한다. 즉, '직원이 마음에 들지 않는다'는 등 모호한 이유를 들어 시용을 종료하는 것은 부당해고에 해당할 가능성이 있는 것이다. 이러한 법적 판단기준을 고려해볼 때 시용근무 시 반드시 합리적 기준에 의한 시용평가를 시행하는 것이 필요하다.

두 번째 오해는 시용과 수습이 동일하다고 생각하는 것이다. 그러나 사실은 그렇지 않다. 시용과 수습은 다른 개념이다. 시용은 정식채용이 이뤄지지 않은 상태이지만 수습은 정식채용이 이뤄진 상태를 말한다. 근로계약서에 수습이라고 명시한 경우에는 수습기간 종료 시 정식 직원에 대한 해고 기준이 동일하게 적용된다. 예를 들어, 공채에 합격한 대졸사원의 경우 보통 수습기간 3개월을 적용한다. 이러한 경우는 정식채용이 이뤄졌기 때문에 수습종료 시 정식직원과 동일한 기준으로 해고의 정당성을 판단한다. 반면 근로계약서에 시용이라고 명시한 경우에는 수습과 다르게 판단한다. 예를 들어, 수시채용 시 시용 3개월을 적용하기로 했다면 아직 정식채용이 이뤄지지 않은 상태이기 때문에 시용종료 시 정식직원보다는 넓은 해고 기준이 적용되는 것이다. 따라서 회사가 수습과 시용을 구분하여 사용하는 것이 매우 중요하다고 볼 수 있다.

이제 에피소드로 돌아가 보자. 회사가 경력사원을 시용으로 채용했다면 근로계약이 체결되었기 때문에 합리적인 이유 없이 시용을 종료할 수 없다. 다만, 시용기간 동안 업무수행상 문제, 동료와의 불화, 고객 컴플레인 발생 등 합리적 이유가 있다면 시용종료가 가능하다. 이때, 합리적 이유를 입증하기 위해서 시용평가를 통해 시용평가를 시행하는 것이 필요하다는 점을 기억하자.

시용 vs. 수습

구분	시용	수습
개념	정식채용을 전제로 직무능력과 적응성 등을 판단하기 위하여 시행함	정식채용 후 직무오리엔테이션, 교육 등을 목적으로 시행함
근로계약의 성립 여부	○	○
정식채용 여부	×	○
해고의 정당성 판단	통상의 해고보다 넓게 인정 (합리적 이유)	통상의 해고와 동일하게 적용 (정당한 이유)

더 알아보기

판례

시용 시 본채용 거부에 대한 판단

시용(試用)기간 중에 있는 근로자를 해고하거나 시용기간 만료 시 본계약(本契約)의 체결을 거부하는 것은 사용자에게 유보된 해약권의 행사로서, 당해 근로자의 업무능력, 자질, 인품, 성실성 등 업무적격성을 관찰 · 판단하려는 시용제도의 취지 · 목적에 비추어 볼 때 보통의 해고보다는 넓게 인정되나, 이 경우에도 객관적으로 합리적인 이유가 존재하여 사회통념상 상당하다고 인정되어야 할 것이다(대법원 2006.2.24. 선고, 2002다62432 판결).

Episode

#4

근로계약서에 서면으로 명시해야 하는 사항은 무엇인가요?

김 팀장은 오전에 인사팀으로부터 메일 한 통을 받았다. 근로계약서다. 매년 1월이면 인사팀에서 먼저 메일로 근로계약서를 보내주고 며칠 뒤 인사팀에 직접 가서 서명을 한다. 사실 근로계약서를 받으면 다른 내용은 별 관심 없고 연봉만 확인하는 편이었다.

그런데 이제 팀장이 되고 보니 근로계약서에도 관심이 간다. 팀원들이 근로계약서 내용에 대해서 물어볼 것 같은 생각이 들기 때문이다. 그리고 얼마 전에 뉴스를 통해서 계약직 근로자의 근로계약서를 잘못 작성하는 경우 과태료가 부과된다는 이야기를 들은 기억도 난다.

김 팀장은 근로계약서에 이런 저런 내용이 많이 포함되어 있기는 한데 법적으로 반드시 명시해야 하는 사항이 무엇인지 궁금해졌다. 그리고 근로계약서 작성 시 정규직, 계약직, 파트타이머를 동일하게 작성하는지도 의문이다. '팀장이 되니 업무도 업무지만 노동법이 참 어렵기만 하다. 이제 팀장 승진자 과정에서 노동법을 필수과목으로 교육하면 좋을 것 같다'

근로계약서는 노동법 준수의 가장 기본적인 사항이다. 근로계약서만 잘 작성해도 대부분의 노동분쟁을 예방할 수 있다. 따라서 리더라면 근로계약서에 대해 명확히 이해하는 것이 필요하다.

가장 기본적인 사항은 근로조건 서면명시 사항 4가지를 이해하는 것이다. 서면명시 사항 4가지는 임금의 구성항목·계산방법·지급방법, 소정근로시간, 휴일, 연차유급휴가이다. 임금의 경우 매우 중요하기 때문에 '임금의 구성항목', '계산방법', '지급방법' 3가지를 명시해야 한다. 실무적으로 볼 때 아래와 같이 표의 형태로 작성하는 것이 일반적이다. 임금의 계산방법을 연봉, 월급, 일급 등으로 표기한 후 임금의 구성항목을 기본급, 직무수당, 식대 등으로 구분한다. 그리고 '상기 월급여를 매월 25일 현금(은행계좌)으로 지급한다'라고 지급방법을 명시하면 된다.

근로계약서 예시(임금)

1) 연봉금액 : "근로자"의 연봉은 연 51,600,000원으로 한다.
2) 연봉세부 구성항목

기본급	직무수당	식대
48,000,000원	2,400,000원	1,200,000원

3) 사용자는 상기 연봉의 1/12을 매월 25일 근로자에게 직접(현금 또는 예금계좌) 지급한다.

다음으로 '소정근로시간'을 작성한다. 소정근로시간은 당사자(근로자와 사용자) 간 근로하기로 약정한 시간을 말한다. 보통 아래와 같이 시업시간과 종업시간을 정하고 근무일을 명시한다.

근로계약서 예시(근로시간)

1) 시업시간 - 09:00, 종업시간 - 18:00 (근무일 : 월~금)
2) 소정근로시간은 1일 8시간, 1주 40시간으로 한다.

마지막으로 '휴일'과 '연차유급휴가'를 작성한다. 휴일은 근로기준법 제55조의 유급휴일을 말하며 연차휴급휴가는 내용이 많기 때문에 보통 아래와 같이 작성한다.

근로계약서 예시(휴일 및 휴가)

1) 전 주간 개근한 경우 주 1회 이상의 유급주휴일을 부여한다(일요일을 원칙으로 하되, 휴일대체를 시행할 수 있다).
2) 법정공휴일을 유급주휴일로 부여한다.
3) 연차유급휴가는 관련법령 및 취업규칙이 정하는 바에 따른다.

이와 같이 4가지 사항이 근로계약서에 반드시 서면으로 명시되어야 한다. 그 이외의 사항은 회사와 근로자의 필요에 따라서 추가하면 된다.

근로조건 서면명시와 관련하여 기억해야 할 중요한 점이 있다. 바로 계약직 근로자와 단시간 근로자의 경우 서면명시 사항이 더 많다는 점이다. 먼저, 계약직 근로자이다. 계약직 근로자의 경우 일반근로자의 6가지 사항에 더하여 '근로계약기간', '휴게', '취업의 장소와 종사하여야 할 업무'를 서면으로 명시해야 한다. 총 7가지 사항이 된다.

다음으로 단시간 근로자이다. 단시간 근로자의 경우 계약직 근로자의 9가지 사항에 더하여 '근로일 및 근로일별 근로시간'을 추가적으로 명시해야 한다. 총 8가지이다.

이처럼 근로조건 서면명시에 대한 내용이 복잡하기 때문에 다음과 같은 표로 이해하는 것이 바람직하다. 먼저 정규직 근로자의 서면명시사항을 정리한 후 추가하는 방식으로 기억하면 좋을 것 같다.

근로자 유형별 근로조건 서면명시 사항

일반근로자	기간제근로자	단시간근로자
1. 임금의 구성항목 · 계산방법 · 지급방법 2. 소정근로시간 3. 제55조에 따른 휴일 4. 제60조에 따른 연차유급휴가 ※ 500만 원 이하의 벌금	1. 임금의 구성항목 · 계산방법 · 지급방법 2. 근로시간 3. 휴일 4. 휴가 5. 근로계약기간 6. 휴게 7. 취업의 장소와 종사하여야 할 업무 ※ 500만 원 이하의 과태료(즉시 과태료)	1. 임금의 구성항목 · 계산방법 · 지급방법 2. 근로시간 3. 휴일 4. 휴가 5. 근로계약기간 6. 휴게 7. 취업의 장소와 종사하여야 할 업무 8. 근로일 및 근로일별 근로시간 ※ 500만 원 이하의 과태료(즉시 과태료)

마지막으로 2가지만 더 기억해두자. 첫째, 계약직 또는 단시간근로자의 서면명시사항 위반의 경우에는 즉시 과태료가 부과된다는 것이다. 즉, 비정규직 근로자 서면명시위반은 시정기간 없이 즉시 행정조치가 이뤄진다. 둘째, 근로계약서 서면작성 후 반드시 1부를 근로자에게 교부해야 한다는 것이다. 근로계약서는 서면명시와 함께 교부의무가 있다는 점을 기억하자.

더 알아보기

» 행정해석

전자근로계약서 체결의 유효성

사용자와 근로자는 전자근로계약서를 작성하는 방법으로 근로계약을 체결할 수 있습니다. 이 경우 근로계약에 관한 분쟁을 사전에 예방할 수 있도록 가급적 당사자의 서명을 포함한 문서를 전자화하거나 「전자서명법」에 의한 전자서명을 하는 등의 방법으로써 해당 계약 당사자 쌍방의 의사가 합치하여 전자근로계약서에 명시된 내용대로 근로계약을 체결했음을 명확히 하여야 합니다. 또한 최종 작성 또는 서명 이후에 어느 일방이 임의로 수정할 수 없도록 위변조 방지를 위한 장치를 마련하여야 합니다(근로기준정책과-5455, 2016.9.1, 전자근로계약서 활성화를 위한 가이드라인).

새로운 읽을거리

협업의 시대, 인사평가 어떻게 변화해야 하나?

인사평가는 기업의 인사관리 중 가장 중요하면서도 가장 어려운 영역이다. 많은 기업들이 인사평가의 변화를 시도해 보지만 좋은 결과를 만들었다는 이야기는 좀처럼 듣기 어렵다. 인사평가의 성공적인 변화가 어려운 이유는 인사평가의 변화가 많은 부작용을 만들기 때문이라는 생각도 든다. 우리는 인사평가의 변화가 협업을 저하시키는 것을 종종 경험한다. 협업은 경영의 성공요소 중 가장 핵심적인 요소이다. 아마도 우리가 함께 모여서 일하는 이유는 협업하기 위해서라고 생각된다. 따라서 인사평가의 변화가 협업을 약화시킨다면 그러한 변화는 반드시 실패로 돌아갈 것이다. 그렇다면 인사평가와 협업은 어떠한 관계에 있으며 인사평가가 협업을 저해하는 것을 어떻게 막을 수 있을까?

여러분은 왜 인사평가가 협업을 저해한다고 생각하는가? 아마도 인사평가를 직원 서로를 비교하는 제도라고 생각하기 때문이다. 즉, 누가 더 잘했는가를 결정하는 제도이기 때문에 당연히 협업이 저해된다고 보는 것이다. 여기에는 아주 큰 인사평가에 대한 오해가 존재한다. 인사평가는 '서로를 비교하는 제도'가 아니라 '해야 할 일을 하도록 돕는 제도'이다. 그리고 더욱 놀라운 사실은 올바르게 설계되고 운영되는 인사평가는 협업을 강화시킨다는 사실이다. 그러나 인사평가를 성공적으로 운영하는 것이 생각만큼 쉽지 않다. 그럼 이제부터 협업을 높이기 위한 인사평가 방안에 대해서 구체적으로 살펴보도록 하자.

첫 번째 절대평가를 시행하여야 한다. 우리는 너무나도 상대평가에 익숙해있다. 그래서 인사평가는 당연히 상대평가라고 생각한다. 내가 승진하기 위해서 그리고 내가 더 높은 연봉을 받기 위해서 좋은 인사평가를 받아야 하는 것이다. 그러나 이러한 인사평가에 대한 생각은 인사평가에 대한 너무 심각한 오해에서 비롯된 것이다.

이 질문에 대답해 보자. "우리는 왜 인사평가를 하는가?" 쉽지 않은 질문이다. 우리가 인사평가를 하는 목적은 두 가지로 귀결된다. 첫 번째는 성과를 향상시키기 위해서이고, 두 번째는 차등보상(연봉과 승진 결정)에 적용하기 위해서이다. 여기서 반드시 기억해야할 중요한 점이 있다. 성과향상이 주(主)목적이고 차등보상은 보조(補助)목적이라는 것이다. 즉, 우리가 인사평가를 하는 이유는 '누가 더 잘했는가?'를 파악하기 위해서가 아니라 '성과를 향상시키기 위해서'이다.

두 번째 조직목표와 연계이다. 최근 필자는 컨설팅이후 변화관리를 진행하면서 아주 의미 있는 경험을 하였다. H사는 인사평가제도 설계 후 1

년이 지난 기업이다. 인사평가 제도 문제점을 논의하는 자리에서 부서간 이기주의가 더욱 심해지고 있다는 의견이 나왔다. 대분의 회의 참가자는 문제의 원인으로서 조직문화 또는 개인의 성향을 지적하였다. 그러나 필자는 다른 관점에서 질문을 던졌다. "회사의 올해 조직목표가 무엇인가요?" 이 질문에 임원과 인사팀은 명확히 대답하지 못했다. 왜냐하면 조직의 목표를 수립하지 않았기 때문이다. 필자는 H사에게 올해는 반드시 조직목표를 수립하고 이후 조직과 개인의 목표를 연계해야 한다고 코칭하였다.

세 번째 다면평가의 시행이다. 다면평가란 동료들이 평소에 근무하면서 느꼈던 내용을 전달하는 것이다. 즉, 동료의 의견이다. 점수는 중요하지 않다. 내가 동료로서 피평가자에게 나의 의견을 솔직하게 전달하는 것이다. 이러한 다면평가는 연봉에 연계되어서는 곤란하다. 다면평가는 협업의 강화라는 조직문화의 변화를 위해서 시행되는 것이기 때문이다. 따라서 점수 중심의 다면평가 또는 보상과 연계하는 다면평가는 바람직하지 않다. 이제 코멘트형 다면평가를 시행해 보자. 우리 직원들은 동료의 솔직한 의견을 통해서 본인의 모습을 다시 한번 돌아볼 것이고 협업은 강화될 것이다.

지금까지 협업의 강화를 위한 인사평가제도 변화방안에 대해서 살펴보았다. 협업을 강화시키는 것은 매우 어려운 일이다. 그러나 올바른 인사평가를 통해서 협업을 제고하고 돕는 조직문화를 만들 수 있을 것이다.

HR Insight 2020년 2월호 김복수 기고문 수정

리더를 위한 에피소드 노동법

노동법 좀 아는 리더!!!

리더를 위한 에피소드 노동법

노동법 좀 아는 리더!!!

Ⅸ 퇴 직 Episode

#1. 한 달 전에 이야기하면 직원을 해고할 수 있는 거죠?

#2. 계약직 근로자의 계약기간 종료도 해고에 해당하나요?

#3. 사직서를 제출한 근로자가 사직서를 돌려달라고 합니다. 돌려줘야 할까요?

#4. 실업급여를 받도록 도와주는 것이 문제가 되나요?

#5. 코로나19로 매출이 급감했다면 구조조정이 가능한가요?

Episode
#1

한 달 전에 이야기하면 직원을 해고할 수 있는 거죠?

요즘 회사가 살얼음판이다. 매출이 전년 대비 20%가 줄었다. 이런 상황에서 정말 어처구니 없는 일이 발생했다. 얼마 전 경력사원으로 입사한 노성남 씨가 고객 업체와 갈등을 일으켜 계약이 그만 해지된 것이다. 이런 불황에 메인 고객 업체와 계약이 해지되다니…. 김 팀장은 이 상황이 난감하기만 하다. 예상대로 본부장님의 호출이다.

"김 팀장, 노성남 씨가 누구야? 도대체 경력사원을 어떻게 뽑은 거야? 업체와 대판 싸우고 계약이 해지되다니 말이나 돼?"

"네, 업체에서 무리한 수수료 인상 요구를 한 것 같은데 노성남 씨가 감정조절을 못한 것 같습니다. 이유를 불문하고 팀장으로서 면목이 없습니다."

"아 됐어, 김 팀장이 무슨 잘못이 있겠어. 사고 친 사람이 문제지. 그럼 이제 어떻게 할 거야? 그 노성남인가 뭔가 하는 직원이랑 계속 근무하긴 어렵지 않겠어?"

"아…. 무슨 말씀이시죠?"

"하나를 보면 열을 안다고 이 참에 정리하자고. 한 달 전에만 말하면 되는 거 아냐? 서둘러 처리해. 그만 나가 봐."

김 팀장은 본부장실에서 나오면서 머릿속이 하얘지고 말았다. '정말 한 달 전에만 말하면 사람을 해고할 수 있는 건가? 노동법에 위배되는 건 아닐까?' 아무래도 불안한 마음에 포털 사이트 검색창에 '해고예고'를 쳐본다.

이번 에피소드는 해고예고에 대한 이야기이다. 해고예고는 리더가 가장 많이 오해하고 있는 주제 중 하나이다. 많은 리더들이 '한 달 전에만 이야기하면 사람을 내보낼 수 있다'고 생각한다. 이것을 해고예고를 완전히 잘못 이해한 것이다.

해고예고란 정당한 해고의 절차이다. 다시 말해, 해고예고를 하는 것이 정당한 해고가 되는 것은 아니다. 그러나 많은 리더들은 해고예고만 하면 정당한 해고가 되는 것으로 생각하고 있다. 정말 엄청난 오해를 하고 있는 것이다.

그렇다면 왜 이런 오해가 생겼을까? 이는 근로기준법 인원 기준이 영향을 미친 것으로 보인다. 근로기준법은 5인 이상 사업장에 전면 적용된다. 따라서 5인 미만 사업장의 경우에는 해고예고만 적용되고 해고의 제한이 적용되지 않는다. 즉, 작은 슈퍼, 식당, 세탁소 등 영세 사업장의 경우에는 회사의 사정이 있다면 한 달 전에 예고하고 해고를 할 수 있도록 허용하고 있는 것이다. 이러한 근로기준법 규정 때문에 '한 달 전에만 이야기하면 사람을 내보낼 수 있다'라는 이야기가 널리 퍼진 것이라고 생각된다. 이제 확실히 정리하자. 한 달 전에만 이야기하면 사람을 해고할 수 있다는 생각은 큰 오해이다.

이제 에피소드로 돌아가 보자. 노성남 씨가 거래처 관리를 잘못하여 거래처와 계약이 해지된 것은 분명히 문제가 있다. 그러나 업체와의 계약해지가 정당한 해고의 사유에 해당하는지는 다시 살펴봐야 한다. 필자의 개인적인 의견으로는 노성남 씨의 행위는 정당한 해고사유에는 해당하지 않는 것으로 보인다. 따라서 김 팀장은 본부장에게 해고예고에 대해서 잘 설명해야 한다. 그리고 노성남 씨가 다시 명예를 회복할 수 있도록 기회를 주는 것이 필요할 것 같다.

더 알아보기

판례

해고예고에 대한 판단

해고의 예고는 동법 제27조의 규정에 의하여 정당한 사유가 있는 경우 해고하고자 할 때에 적용된다 할 것이고 정당한 사유 없이 해고의 예고를 하고 30일분의 통상임금을 지급하면 해고의 효력이 생기는 것이 아니라 할 것이다(대법원 1971.8.31. 선고, 71다1400 판결).

근로기준법

第26條(해고의 예고)

사용자는 근로자를 해고(경영상 이유에 의한 해고를 포함한다)하려면 적어도 30일 전에 예고를 하여야 하고, 30일 전에 예고를 하지 아니했을 때에는 30일분 이상의 통상임금을 지급하여야 한다. 다만, 다음 각 호의 어느 하나에 해당하는 경우에는 그러하지 아니하다.

1. 근로자가 계속 근로한 기간이 3개월 미만인 경우
2. 천재 · 사변, 그 밖의 부득이한 사유로 사업을 계속하는 것이 불가능한 경우
3. 근로자가 고의로 사업에 막대한 지장을 초래하거나 재산상 손해를 끼친 경우로서 고용노동부령으로 정하는 사유에 해당하는 경우

Episode

#2

계약직 근로자의 계약기간 종료도 해고에 해당하나요?

오늘 오전 인사팀으로부터 계약직 인사평가에 대한 메일이 왔다. 재계약 관련하여 계약직 직원에 대해서 인사평가를 하라는 내용이다. 마케팅팀의 계약직 재계약 대상자는 11개월 전에 입사한 노정희 씨이다. 김 팀장은 인사팀 서 대리에게 전화를 걸었다.

"오늘 아침에 계약직 재계약 메일 확인했어요. 저는 그 직원 재계약을 안 했으면 하거든요. 업무능력이 많이 부족해요. 그래서 말인데요, 재계약을 안 하면 인사평가도 할 필요 없는 거죠?"

"그렇지 않아요, 팀장님. 우리나라 노동법 아시잖아요. 재계약을 안 하는 경우에 더 까다로워요. 갱신기대권이라는 개념이 있거든요. 오히려 인사평가를 더 꼼꼼히 해주셔야 해요."

"갱신기대권? 그게 뭔가요?"

"팀장님, 설명하려면 복잡해요. 일단 계약직 인사평가 정상적으로 진행해 주시고요, 특히 코멘트란에는 더 자세히 적어주셔야 해요."

김 팀장은 계약직 직원은 계약기간이 끝나면 당연히 근로계약이 종료된다고 생각했다. 그런데 계약종료 시 노동법 문제가 발생할 수 있다는 점이 도무지 이해가 되지 않는다.

계약직이란 무엇인가? 계약기간이 있는 근로자이다. 노동법에서는 기간제 근로자라고 부른다. 상식적으로 계약직은 계약기간까지만 근무하는 것이 당연하다. 그러나 우리나라는 판례에 근거하여 계약직에게 특별한 법리를 적용하고 있다. 바로 계약의 '갱신기대권'을 인정하고 있는 것이다. 갱신기대권이 존재한다면 '합리적인 이유'가 있는 경우에 한하여 계약을 종료할 수 있게 된다. 갱신기대권이 있다면 가급적 계약을 갱신하도록 하려는 취지가 있다고 이해해도 좋을 것 같다.

먼저 '갱신기대권'에 대해 살펴보자. 갱신기대권이란 무엇인가? 단어 그대로 갱신을 기대하는 권리이다. 갱신기대권은 다양한 사유에 의해서 만들어진다. 대표적으로 '열심히 일하면 재계약이 가능하다'라는 메시지이다. 이런 이야기를 회사로부터 들은 계약직 근로자는 계약의 갱신에 대한 기대를 갖게 되는 것이다. 갱신기대권은 다양한 사유에 의해서 발생하며 상시적인 직무를 계약직으로 운영하는 경우에는 갱신기대권이 발생할 가능성이 매우 높다고 봐야 한다.

다음으로 '합리적 이유'에 대해 살펴보자. 이 부분이 실무적으로 어려운 점은 합리적 이유에 대해 법원이 명확한 기준을 제시하고 있지 않다는 점이다. 정규직 직원의 해고기준보다 넓게 인정되는 기준으로 이해할 수 있다. 합리적 이유에 대해서 정량적인 기준이 있으면 좋겠지만 실제로는 정성적으로 판단받게 되는 어려움이 있다.

이제 에피소드로 돌아가 보자. 김 팀장은 노정희 씨 채용 시 "1년이 지난 시점에서 평가를 통해 재계약 여부를 결정한다."라고 이야기했다. 그렇다면 노정희 씨에게는 갱신기대권이 인정될 것으로 보인다. 갱신기대권이 인정되는 경우에는 갱신거절을 위해서는 합리적 이유가 있어야만 한다. 김 팀장은 노정희 씨의 1년 동안의 업무수행에 대해서 다시 한번 꼼꼼히 평가해야 한다. 그리고 업무를 계속하기 어려운 합리적인 이유가 있는지에 대해 인사팀과 다시 한번 상의해보는 것이 필요할 듯하다.

계약직 근로자 재계약 절차

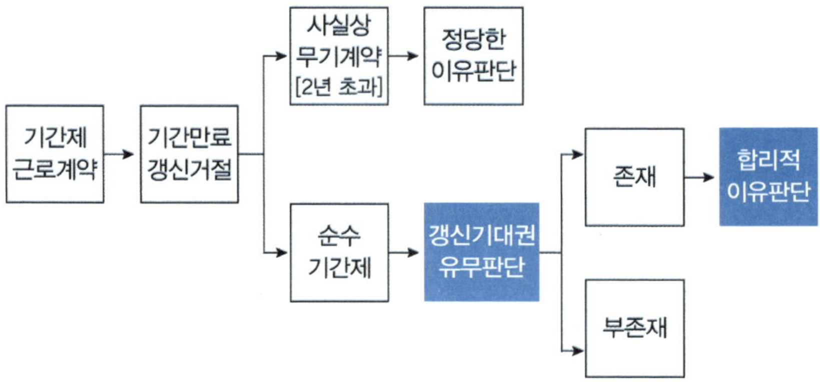

계약직 근로자 계약갱신 시 판단 절차

구분	갱신기대권	합리적 이유
인정 기준	• 재계약 절차 및 요건의 존재 여부 • 계약서 내용 및 업무의 특성 • 근로계약이 이루어지게 된 동기 및 경위, 기간을 정한 목적과 당사자의 진정한 의사 • 동종의 근로계약 체결방식에 관한 관행 • 근로자 보호법규, 단체협약이나 취업규칙의 근거조항 존재 여부 등	• 근로기준법상 해고의 정당한 이유 • 고용유지의 불가능성 여부 • 평가기준의 객관성과 평가의 공정성 여부 등

※ "기간제 근로자 판례분석 – 기간제 근로계약 해지의 정당성"(중앙노동위원회)

더 알아보기

» 판례

기간제 근로자의 갱신기대권 판단

참가인과 그 소속 운전자들 사이에는 소정의 심사절차를 거쳐 일정 기준 이상의 성적을 얻게 되면 계약이 갱신되는 것으로 하기로 하는 약정이 성립했거나, 적어도 원고들을 비롯한 참가인 소속 운전자들에게 기간제 근로계약이 갱신되리라는 정당한 기대권이 인정된다고 봄이 상당한다(대법원 2011.4.14. 선고, 2007두1729 판결).

Episode
#3

사직서를 제출한 근로자가 사직서를 돌려달라고 합니다. 돌려줘야 할까요?

어제 아침, 김 팀장이 출근해보니 책상 위에 박 대리의 사직서가 올려져 있었다. 사전 면담도 없이 사직서를 내다니…. 플랫폼 비즈니스 1위 회사인 '넘버원플랫폼'에 합격했다는 소문이 있는데 정말인가보다. 김 팀장은 상의도 없이 사직서를 낸 박 대리가 너무하다는 생각이 들었다.

그런데 오늘 아침, 김 팀장이 출근하기가 무섭게 박 대리가 자리로 왔다.

"팀장님… 혹시 제가 어제 제출한 사직서를 돌려받을 수 있을까요?"

"뭐라고요? 사직서를 돌려달라고요? 그게 무슨 말이에요? 회사가 장난이에요?"

"정말 죄송합니다. 오늘 아침에 면접봤던 회사에서 최종합격자 결정 단계에서 탈락했다고 연락이 왔어요. 어제까지만 해도 거의 최종합격이니 퇴사 절차 밟으라고 했거든요. 저도 정말 황당해요."

"할 말이 없네요…."

"팀장님, 한 번만 이해 부탁드릴게요. 사직서 돌려주실 거죠?"

김 팀장은 마음 같아서는 그냥 사직처리를 하고 싶다. 그렇지만 저렇게 사정하니 마음이 약해지는 것도 사실이다. '그런데 과연 법적으로는 사직서 반환 기준이 어떻게 될까?

직장인이라면 누구나 한 번쯤 사직에 대한 고민을 해보았을 것이다. 이번 주제는 사직서 철회에 대한 이야기이다. 사직서를 제출한 직원이 사직서를 돌려달라고 하는 어이없는 경우가 가끔 발생하기도 한다. 감정적으로 사직서를 제출한 근로자가 마음이 바뀌어서 사직서를 돌려달라고 하는 경우도 있고, 사직서를 제출한 뒤 아내와 부부싸움을 하고 사직을 철회하는 경우도 있다. 이런 경우 사직의 의사표시의 철회가 가능할까? 이와 관련해서 판례는 사직의 의사표시를 2가지로 구분하여 판단하고 있다.

첫째, 해약의 고지이다. 즉, "저는 ○○○○년 ○월 ○일 사직하겠습니다."라고 일방적으로 해약을 고지하는 것이다. 이러한 경우 근로관계 종료 효과는 의사표시 도달 시점에 발생하며 당연히 사직의 의사표시는 철회할 수 없다.

둘째, 합의해지의 청약이다. 즉, "저는 ○○○○년 ○월 ○일 사직하려고 하오니 허락하여 주시기 바랍니다."라고 계약의 해지를 청약하는 것이다. 이러한 경우 근로관계의 종료 효과는 승낙의 의사가 도달한 시점에 발생한다. 따라서 사직의 의사표시는 회사의 승낙의사 도달 전까지는 철회 가능하다. 여기서 한 가지 추가적으로 기억할 사항이 있다. 회사의 내부 결재는 승낙의 의사표시가 아니라는 점이다. 일부 회사에서 사직서 철회요청 시 결재 완료를 이유로 철회를 거절하는 경우를 종종 보게 된다. 결재 후 반드시 근로자에게 사직 처리사실을 통보해야만 승낙의 효과가 발생한다는 점을 반드시 기억할 필요가 있다.

이제 에피소드로 돌아가 보자. 박 대리가 제출한 사직서는 해약고지인지 합의해지의 청약인지 불명확하다. 만약 박 대리의 사직서가 해약의 고지라면 김 팀장은 박 대리의 사직서 철회 요청에 응할 필요가 없다. 그러나 박 대리의 사직서가 합의해지의 청약이라면 상황은 달라진다. 이러한 경우라면 회사는 아직 박 대리에게 승낙의 의사표시를 하지 않았기 때문에, 김 팀장은 박 대리의 요청을 받아들여 사직서를 돌려줘야 할 것이다.

사직의 의사표시

유형	해약고지	합의해지 청약
의사표시 형태	"본인은 ○○○○년 ○월 ○일 사직합니다."	"본인은 ○○○○년 ○월 ○일 사직하고자 하오니 허락하여 주시기 바랍니다."
근로관계 종료 효과 발생	본인의 의사 도달 시점	상대방 승낙의 의사 도달 시점
사직 의사표시 철회	의사표시 도달 이후 철회 불가	상대방 승낙 의사 도달 전까지는 철회 가능

더 알아보기

판례

사직의 의사표시 - 해약고지

사직의 의사표시는 특별한 사정이 없는 한 당해 근로계약을 종료시키는 취지의 해약고지로 볼 것이고, 근로계약의 해지를 통고하는 사직의 의사표시가 사용자에게 도달한 이상 근로자로서는 사용자의 동의 없이는 비록 민법 제660조 제3항 소정의 기간이 경과하기 이전이라 하여도 사직의 의사표시를 철회할 수 없다(대법원 2001.1.5. 선고, 99두8657 판결).

판례

사직의 의사표시 - 합의해직의 청약

근로자가 사직원의 제출방법에 의하여 근로계약관계의 합의해지를 청구하고 이에 대하여 사용자가 승낙함으로써 당해 근로관계를 종료시키는 경우에 근로자는 사직원의 제출에 따른 사용자의 승낙의사가 형성되어 확정적으로 근로관계 종료의 효과가 발생하기 전에는 그 사직의 의사표시를 자유로이 철회할 수 있다.

Episode
#4

실업급여를 받도록 도와주는 것이 문제가 되나요?

오늘 점심식사 중 실업급여가 화제로 등장했다. 박 대리의 아내가 다음 달에 회사를 그만두는데, 회사 측에 실업급여를 받도록 해달라고 요청했다는 것이다.

"아내가 회사에 실업급여를 받을 수 있도록 권고사직 처리를 해달라고 부탁했나봐요. 그런데 팀장이 무조건 안 된다고 했대요. 실업급여는 회삿돈도 아니고 세금인데 어려운 사람이 좀 받을 수 있게 해주는 게 뭐 어렵다고…. 그 팀장 좀 갑갑하더라고요."

"실업급여는 세금이기는 하지. 그런데 요즘 실업급여 관리가 철저해졌다고 하던데…. 참, 그건 그렇고 저번에 동해안 갔을 때 맛있었던 횟집이 어디라고 했지?"

김 팀장은 더 이상 이야기를 계속하기 어려워 다른 주제로 화제를 돌렸다.

예전부터 실업급여는 퇴직하는 직원에게 적당히 챙겨주는 것으로 인식하는 문화가 있었다. 그런데 김 팀장은 최근에 인사팀에서 진행한 실업급여 부정수급 교육을 받고 나서 실업급여에 대한 인식이 완전히 달라졌다. 실업급여 부정수급에 대한 처벌이 어마어마하게 엄격하다는 것을 알게 된 것이다. 그런데 아직 직원들은 실업급여를 퇴직 때 챙겨주는 복리후생 정도로 생각하니, 나중에 퇴직 시점에서 서로 서운함이 생기지 않을까 걱정이다.

직원들이 많이 오해하고 있는 노동법 지식 중 하나가 실업급여에 대한 내용이다. 회사가 실업급여를 받도록 해줄 수 있다고 생각하는 것이다. 이런 오해 때문에 퇴직 면담 시 "팀장님, 실업급여 좀 받도록 해주시면 안 될까요?"라고 이야기하는 경우가 종종 발생한다. 이때 팀장이 "회사가 해줄 수 있는 부분이면 도와주겠다."라고 모호하게 답변하는 경우가 있다. 물론 권고사직 등 실업급여 지급사유가 된다면 당연히 실업급여를 받을 수 있다.

그러나 자발적으로 사직하면서 권고사직으로 처리하는 등 실업급여를 받도록 사실관계를 조작하는 것은 완전히 다른 문제이다. 직원들은 '회사에서 추가적인 돈이 나가는 것이 아닌데 왜 안 해주느냐?'라고 당당히 사직사유 조작을 요청하기도 하며 '본인과 회사만 알기 때문에 적발될 염려가 없다'라고 말하기도 한다. 그러나 실업급여 부정수급은 형사적 처벌 대상이다. 실업급여 부정 수급이 적발되면 부정수급액을 반환하고 최대 5배 이상 추가 징수가 이뤄질 수 있다. 또한 최대 5년 이상의 징역 및 5천만 원 이하의 벌금이 부과된다. 고용노동부는 부정수급과 관련하여 부정수급 조사, 부정수급 제보 등 실업급여 부정수급에 대한 다양한 방식의 점검을 하기 때문에 결국 부정수급이 발각된다는 점을 기억해야 한다.

실무적으로 보면 퇴직면담 시 팀장이 '실업급여를 받도록 도와주겠다'라는 뉘앙스의 메시지를 전달하는 경우가 가장 큰 문제가 되는 것으로 보인다. 실업급여를 기대했던 직원이 결국 실업급여를 받지 못하게 되면 회사가 약속을 어겼다고 주장하며 강하게 항의하는 등 문제를 제기하는 경우가 발생하는 것이다. 따라서 리더는 정당한 실업급여 사유에 해당하는 경우에만 실업급여가 지급된다는 생각으로 직원들과 면담하는 것이 매우 중요하다.

이제 에피소드로 돌아가 보자. 김 팀장은 실업급여에 대해서 올바른 관점을 가지고 있지만 아직 사회적으로는 실업급여를 누구나 받을 수 있는 복지제도로 인식하고 있는 것이 현실이다. 이제 김 팀장은 적정한 시점에서 '실업급여를 거짓으로 받는 것은 잘못된 행동'이라는 것을 직원들과 공유할 필요가 있을 듯하다.

실업급여 부정 수급 유형

구분	부정수급 유형
수급 자격 신청	• 이직사유를 허위로 기재한 경우 • 피보험자격 취득 및 상실을 허위로 신고한 경우 • 급여기초임금일액산정의 기초가 되는 임금액을 과다하게 기재한 경우 • 취업상태에서 실업하였다고 신고하는 경우
실업 인정	• 취업한 사실은 숨기고 계속 실업인정을 받는 경우 • 자신의 근로에 의한 소득의 미신고 및 허위 신고 • 재취업 활동 여부를 허위로 신고한 경우 • 확정된 취직 또는 자영업 개시 사실을 미신고한 경우
기타	• 취업촉진수당 수급을 위해 각종 허위 신고를 한 경우 • 상병급여 수급을 위해 각종 허위 신고를 한 경우

더 알아보기

실업급여 부정수급에 대한 제재와 처벌

1. 부정한 방법으로 실업급여를 지급받은 경우에는 부정수급액의 반환뿐만 아니라, 실업급여 지급 제한, 부정수급액의 최대 5배의 금액이 추가징수될 수 있으며, 최대 5년 이하의 징역 또는 5천만 원 이하의 벌금이 부과될 수 있습니다.
2. 실업급여를 부정하게 받거나 받으려고 한 날부터 소급하여 10년간 3회 이상 부정수급으로 실업급여 지급이 제한된 경우, 최대 3년간 새로운 구직급여 수급자격에 따른 실업급여 지급이 제한됩니다.

Episode
#5

코로나19로 매출이 급감했다면 구조조정이 가능한가요?

2021년은 정말 잊지 못할 한 해가 될 것 같다. 2020년부터 시작된 코로나19가 나라 전체를 집어삼켜버린 것이다. 매년 지속적으로 성장했던 김 팀장의 회사 예담 아웃도어 또한 코로나19를 피해가지 못했다. 모임과 이동이 제한되다 보니 오프라인 매출이 전년 대비 40% 급감한 것이다. 오늘 경영전략회의에서는 구조조정 이야기가 나왔다. 사장님이 올해 연말에 오프라인 사업부 인원의 20%를 줄이겠다는 충격 선언을 한 것이다.

그런데 김 팀장은 한 가지 궁금증이 생겼다.

예담 아웃도어는 크게 오프라인 사업부와 온라인 사업부로 구성되어 있다. 2021년 오프라인 사업부의 경우 매출이 40%나 줄었지만 온라인 사업부의 경우 오히려 매출이 30% 증가해서 회사 전체의 매출은 예년과 비슷한 실적을 보인 것이다.

이 경우 '오프라인 사업부의 매출이 줄었다고 해서 구조조정이 가능할까?'라는 생각이 들었다. '과연 구조조정의 정당성은 사업부 기준으로 판단하는 것일까? 아니면 전사 기준으로 판단하는 것일까?'

근로기준법에서는 '경영상 이유에 의한 해고'를 규정하고 있다. 경영상 이유가 있는 경우에 요건을 갖는 경우 정당한 해고로 인정하겠다는 취지로 이해할 수 있다. 경영상 이유에 의한 해고의 요건은 크게 4가지로 볼 수 있다.

첫째, '긴박한 경영상의 필요성'이다. 둘째, '해고 회피 노력'이다. 셋째, '합리적이고 공정한 해고기준 설정'이다. 넷째, '근로자대표와 50일 전 협의'이다. 이 4가지 요건을 갖춘 경우 경영상 이유에 의한 해고의 정당성이 인정된다.

2020~2021년에 코로나19로 인해 많은 기업들이 매출 하락 등 경영상 큰 타격을 입었다. 이에 따라 일부 기업은 경영상 이유에 의한 해고를 시행했다. 그러나 경영상 이유에 의한 해고는 매우 엄격한 기준에 의해서 정당성을 인정한다는 점을 기억해야 한다. 먼저 경영상 이유에 의한 해고의 정당성 4가지 요건을 모두 충족해야 한다. 한 가지 요건이라도 충족하지 못한 경우에는 부당해고로 판단된다.

또한 '긴박한 경영상의 필요성'은 매우 객관적인 관점에서 판단한다는 점이다. 예를 들어, 사업부가 여러 개로 구성된 경우 일부 사업부의 경영실적 악화는 긴박한 경영상의 필요성이 있는 것으로 인정받기 어렵다. 긴박한 경영상의 필요성은 일부 사업주가 아니라 회사 전체 상황을 고려하여 판단하는 것이 합리적이라고 보는 것이다.

이제 에피소드로 돌아가 보자. 김 팀장의 회사는 오프라인 사업부는 매출이 40% 급감했다. 그러나 상대적으로 온라인 사업부는 매출이 30% 증가했다. 결론적으로 회사 전체적인 관점에서는 예년과 비슷한 매출 실적을 기록했다. 그렇다면 회사 전체적인 관점에서는 경영상 위기가 오지 않았기 때문에 오프라인 사업부의 매출 하락 요인은 긴박한 경영상의 필요성으로 인정되기 어려울 것으로 보인다. 따라서 만약 김 팀장 회사가 오프라인 사업부 직원을 대상으로 경영상 이유에 의한 해고를 시행한다면 부당해고로 판단될 가능성이 높을 것이다.

경영상 이유에 의한 해고의 정당성

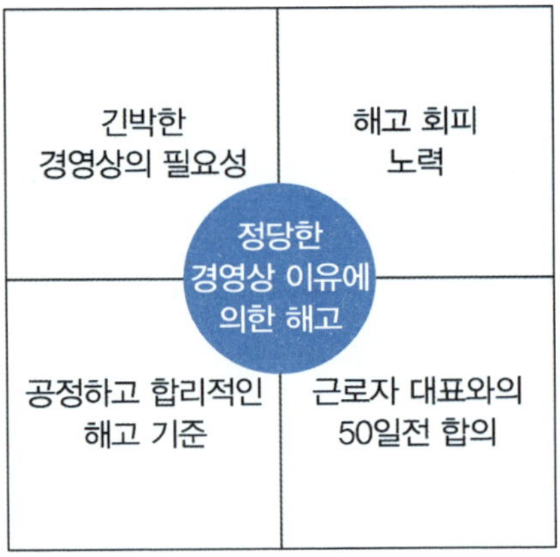

더 알아보기

근로기준법

제24조(경영상 이유에 의한 해고의 제한)

① 사용자가 경영상 이유에 의하여 근로자를 해고하려면 긴박한 경영상의 필요가 있어야 한다. 이 경우 경영 악화를 방지하기 위한 사업의 양도 · 인수 · 합병은 긴박한 경영상의 필요가 있는 것으로 본다.

② 제1항의 경우에 사용자는 해고를 피하기 위한 노력을 다하여야 하며, 합리적이고 공정한 해고의 기준을 정하고 이에 따라 그 대상자를 선정하여야 한다. 이 경우 남녀의 성을 이유로 차별하여서는 아니 된다.

③ 사용자는 제2항에 따른 해고를 피하기 위한 방법과 해고의 기준 등에 관하여 그 사업 또는 사업장에 근로자의 과반수로 조직된 노동조합이 있는 경우에는 그 노동조합(근로자의 과반수로 조직된 노동조합이 없는 경우에는 근로자의 과반수를 대표하는 자를 말한다. 이하 "근로자대표"라 한다)에 해고를 하려는 날의 50일 전까지 통보하고 성실하게 협의하여야 한다.

판례

긴박한 경영상 이유에 대한 판단

'긴박한 경영상의 필요'가 있는지를 판단할 때에는 법인의 어느 사업부문이 다른 사업부문과 인적 · 물적 · 장소적으로 분리 · 독립되어 있고 재무 및 회계가 분리되어 있으며 경영여건도 서로 달리하는 예외적인 경우가 아니라면 법인의 일부 사업부문 내지 사업소의 수지만을 기준으로 할 것이 아니라 법인 전체의 경영사정을 종합적으로 검토하여 결정하여야 한다(대법원 2015.5.28. 선고, 2012두25873 판결).

새로운 읽을거리

직원들은 왜 시끄럽게 떠들었을까?

오후 강의가 있는 날이었다. 오전에 ○○○역 서점에서 여유있게 책을 보고 혼자 점심을 먹으러 쌀국수 집에 들렀다. 꽤 큰 매장이었고 홀에만 직원이 3명이 서빙하고 있었다. 나는 처음부터 약간 특이한 느낌을 받았다. 직원들이 서로 큰 목소리로 이야기하는 것이었다. 그들은 20대 중반에서 후반으로 보였고 아르바이트생인 것 같았다.

"○○야 ○○번 쌀국수 나갔어?" "아니, 그리고 ○○번에 단무지 갖다 줘" 그들은 동갑내기 친구들처럼 보였다. 식사를 하는 손님들은 큰 소리에 고개를 돌려 직원을 바라보기도 했다. 추측컨대 식당에는 사장님은 없는 것으로 보였다. 그리고 더 이상 주문이 없자 3명이 한쪽 구석에 모여서 또 다시 큰 소리로 대화를 나누기 시작했다. "○○야 너 그 신발 어디서 샀어? 얼마야?" 나는 듣고 싶지 않았지만 어쩔 수 없이 그들의 대화를 들으며 식사를 할 수밖에 없었다.

나는 곰곰이 생각해 보았다. 쌀국수는 간단한 점심 중에 비교적 단가가 높은 음식이다. 아마도 손님들은 좀 더 질 좋은 음식과 식사환경을 기대하고 있을 것이다. 아마 몇몇 손님들은 직원들이 큰 소리로 대화하는 모습에서 불편함을 느꼈을 것이다. 그렇다면 이런 상황은 왜 발생하는 것일까?

그들에게 이렇게 질문해 보자. "우리는 어떤 서비스를 제공하나요?" 아마도 이렇게 대답할 것이다. "음식점이죠, 쌀국수를 파는…" 그렇다 서빙이라는 업무는 독립적으로 존재하는 것이 아니라 음식점이라는 회사의 하위 직무로서 존재하는 것이다. 음식점은 맛있는 음식을 편안하게 먹을 수 있는 공간이어야 한다. 이 사실만을 기억해도 직원들을 큰 소리로 손님에게 불편을 주는 행동을 하지 않을 것이다.

회사의 목적을 이해하는 직원은 목적에 맞는 행동을 하게 된다. 우리는 직원의 행동을 탓하기 전에 회사의 목적에 대해서 얼마나 강조했는지를 생각해 보아야 한다. 회사의 목적을 알게 하는 것이 경영의 핵심인 것이다.

리더를 위한 한 줄 comment

회사의 목적을 알게 하자. 지금 우리가 가지고 있는
대부분의 문제가 해결되는 기적을 경험하게 된다.

저자 소개

김복수(金福洙)

◦ 인사관리를 소명(召命)으로 삼고 살아가고 있다. 한화그룹에서 인사업무를 수행하였고 현재 노무법인 예담HR컨설팅 대표로 일하고 있다. 약 20여 년간의 인사 · 조직 업무경험을 바탕으로 강의, 컨설팅, 코칭 등을 수행하고 있다. HR과 노동법을 통합한 인사관리를 통하여 '기업의 건강한 성장과 직원의 행복을 돕는 일'을 비전(Vision)으로 삼고 일하고 있다.

◦ 중앙대학교 경영학과 학사 · 석사(인사/조직 전공)
◦ 한화그룹(한화갤러리아) 근무(1998~2007)
◦ 現, 노무법인 예담HR컨설팅 대표 컨설턴트/공인노무사(2008~현재)
◦ 現, 예담 인사평가연구소 소장

◦ boksoo.kim@hryedam.co.kr
◦ http://blog.naver.com/yedamkbs

YouTube
HR 레시피